U1012944

老龄化问题应对研究

基于科学与社会的视角

Research on Coping with the Aging Issue From the Perspective of Science and Society

韩振秋◎著

知识产权出版社
全国百佳图书出版单位

图书在版编目（CIP）数据

老龄化问题应对研究：基于科学与社会的视角/韩振秋著. —北京：知识产权出版社，2018.12

ISBN 978－7－5130－6030－1

Ⅰ.①老… Ⅱ.①韩… Ⅲ.①人口老龄化—研究—中国 Ⅳ.①C924.24

中国版本图书馆 CIP 数据核字（2018）第 293130 号

内容提要

本书首先对老龄化相关问题予以界定，从历史、国际的维度探讨老龄化发生的机制及其深层次原因。从科学与社会的视角，透过科学、哲学、社会和文化以及现代化的视角深度解析老龄化问题，以此为基础，探讨了老龄化给家庭、经济社会发展、科技创新带来的积极和消极影响；分析了国（境）内外老龄化问题应对的典型实践及经验借鉴；探讨了我国老龄化社会运行中存在的问题；着重提出了以科技发展为根本，辅之以观念创新、政策框架优化为老龄化问题应对的策略设计，并对我国未来老龄化社会进行了预测和前景展望。

责任编辑：蔡　虹　程足芬

封面设计：邵建文　　　　**责任印制**：孙婷婷

老龄化问题应对研究

——基于科学与社会的视角

韩振秋◎著

出版发行：知识产权出版社有限责任公司	**网　　址**：http：//www.ipph.cn
社　　址：北京市海淀区气象路 50 号院	**邮　　编**：100081
责编电话：010－82000860 转 8324	**责编邮箱**：caihong@cnipr.com
发行电话：010－82000860 转 8101/8102	**发行传真**：010－82000893/82005070/82000270
印　　刷：北京虎彩文化传播有限公司	**经　　销**：各大网上书店、新华书店及相关专业书店
开　　本：787mm×1092mm　1/16	**印　　张**：14.75
版　　次：2018 年 12 月第 1 版	**印　　次**：2018 年 12 月第 1 次印刷
字　　数：180 千字	**定　　价**：59.00 元

ISBN 978-7-5130-6030-1

出版权专有　侵权必究

如有印装质量问题，本社负责调换。

摘　要

随着经济社会的发展和科学技术的进步，人类的物质生活条件日益改善，人们抵御风险和治愈疑难杂症、重大疾病的能力也在逐步增强；人们的生活方式、工作节奏、生育愿望，人们对美好生活的向往也在悄然发生改变。与之相伴而生的是，人类寿命的普遍延长，老年人的数量与日俱增，老龄化社会已经到来，世界上多数国家已经进入老龄化社会，中国也于世纪之交进入老龄化社会。老龄化源自社会年龄结构的变迁，老龄化带来了一些值得全社会关注和研究并需要加以应对的养老、医疗、保障、投资、储蓄、消费、代际矛盾、价值观、社会和谐等系列社会、经济、文化、政治、生态文明问题。人们不禁要问，老龄化问题是什么样的问题？怎样解析老龄化问题？老年人在家庭、社会中的地位有何变化？老龄化有哪些积极作用？有哪些消极作用？如何应对？前景如何？这是本研究的出发点和回应点，也是应对老龄化问题必须回答的问题。

老龄化的发生有其表层原因，厘清老龄化发生的机制及深层原因，是老龄化问题应对的前提。就世界和中国两个层面来看，老龄化有不尽相同的特点和趋势。老龄化问题已成突显的一种社会现象和21世纪全球必须应对的重大社会现实问题。老龄化对家庭、老年人，对经济社会、科技创新和技术进步等都具有双重影响。应对老龄化问题需要充分认识老龄化的消极影响，发挥其积极影响，化弊为利，因势利导。

本研究从科学与社会的视角，透过科学、哲学、社会和文化以及现代化的视角深度解析老龄化问题。科学视角，即从老龄化是科学的产物，老龄化问题是在科学实践中需要应答和解决的问题，老龄化应对需要科学思维和科学技术等方面进行科学层面的解析；哲学视角，即从生产力与生产关系、社会存在与社会意识、质变和量变的关系，从唯物辩证法矛盾、联系、系统的视角，从老龄化相关问题的哲学意义等方面进行哲学层面的解析；社会视角，即从老龄化是一个民生问题，涉及社会发展、社会政策、社会矛盾走向的巨大的系统工程，老年人及老龄化问题是一个科学与社会互动的社会问题等方面进行社会层面的解析；文化视角，即老龄化涉及的观念、价值观，对“前喻文化”和“后喻文化”的影响、对传统价值观的影响等方面进行文化层面的解析。并从老龄化是社会现代化的必然，老龄化与现代化的关联等方面对老龄化是现代化的结果进行解析。这里从科学、哲学、社会、文化视角对老龄化问题的解析也可能是本研究的创新点所在。

在对老龄化问题全面解析的基础上，探讨了老龄化给家庭、经济社会发展、科技创新带来的积极和消极影响。从科学与社会的视角，分析国（境）内外老龄化问题应对的典型实践及经验借鉴，以及我国老龄化社会运行存在的问题，着重提出了以科技发展为根本，辅之以观念创新、政策框架优化为应对老龄化问题采取的策略。

最后，对全书进行了总结和展望。作者认为，老龄化问题是一个全球性的、战略性的问题。老龄化不是以人的意志为转移的社会现象，它是人类自身的逻辑进程。老龄化问题是把双刃剑，是科学、哲学、社会和文化问题，是现代化的标志，是社会进步、现代文明的象征，是人类社会高端发展的必然规律。老龄化问题是其与经济社会不同向协调发展的结果，其突出问题是老年人对晚年生活的美好需求与发展不充分、不平衡之间的矛盾。老龄化社会的机遇和挑战并存，机遇大于挑战。老龄化问题是多方面的，其响应是一项复杂的系统工程，需要采取综合的、科学的应对措施。应对老龄化需要创造条件，尽量消除老龄化的负面效应，发挥老龄化的积极效应，实现老龄化社会和谐有序发展。在应对老龄化问题时的思考和实践中，需要有足够的勇气和坚定的信念，大力发展经济，大力发展科技，为应对老龄化提供殷实的物质基础和技术支撑、人才保障。

展望未来，随着我国日益接近世界舞台中央，随着中国经济、科技日益进步，具备了持续发展的良好条件，随着国家未来“三步走”战略指引、伴随新一轮国家机构改革和推进治理方式全面变革，老年人对美好生活的向往、老龄化社会的协调发展必将逐步实现。

关键词：老龄化；社会发展；科技进步；双重影响；积极应对

Abstract

As the development of the social economics and the improvement of the scientific technology, the living condition of human beings has been improved gradually. The abilities to resist on risk and cure difficult deceases are also enhanced. Additionally, people's lifestyle, working rhythm, fertility intentions and the desire of beautiful life are changing day by day. What is more, the longevity of individuals extends generally, leading to the increasing of the number of senior citizens. Many countries in the world have been stepped into an aging society which is caused by the change of the age structure of the society. China is also entering the aging society at the turn of the century. It has been known that an aging population raises more attention and analysis from the society to cope with some problems about society, economics, culture, politics and ecological civilization, such as pension, medical treatment, security, investment, saving, consumption, intergenerational contradiction, sense of worth, and social harmony. Some questions are caused and have to be answered. What exactly is the aging population? How to analyze the issue about the aging? What happens to the change of social and family status of senior citizens? What kind of the positive and negative impact of the aging population? How to cope with these issues? What about the prospect? The issues mentioned above would be analyzed and respond to this research. Also, these issues would be answered while talking about how to tackle aging.

Aging problems result from not only surface reasons, but also deeper ones. The precondition of coping with aging issues is to make it clear about the mechanism and the deep reasons for aging. Aging shows almost not the same characteristics and tendency from the aspects of the world and China. The issue of aging has become a prominent social phenomenon and the major social reality that the world must deal with in twenty – first Century. Aging shows double influence for family, senior citizens, economic society, technological innovation, and improvement of technology. The negative effect of aging should be fully understood when talking about solving problems about an aging population. The positive influence should be taken full advantage, and the negative should be corrected.

This research analyzes aging problems deeply from the perspectives of science, philosophy, society, culture, and modernization. Aging is an outcome of science when analyzing the aspect of science. The problem of aging should be responded and solved via scientific practice. Aging should be resolved scientifically in scientific thinking and science and technology. In terms of the aspect of philosophy, this article includes relationships between productivity and production, society and the sense of society, and quantitive change and qualitative change. From the perspective of the contradiction, connection and system of materialist dialectics, the philosophical significance of the related issue of aging is analyzed. From the social perspective, the aging issue is a problem about the people's livelihood, which involves a huge systematic engineering-social development, social policy and social conflicts. Issues about senior citizens and the aging population are a social interaction between science and society. From the aspect of culture, aging refers to traditional perception, sense of worth, the influence on 'prefigurative culture', 'post figurative culture' and the traditional sense of worth. Furthermore, it shows that aging is the necessary result of modernization society via the analysis of the relationship between aging and modernization. The creative point of this this research is that the problem is analyzed from the perspectives of science, philosophy, society, and culture.

Based on the full analysis about aging issue, this article also talks about the positive and negative influence on family, development of economic society and technological innovation. From the perspective of science and society, it analyzes some typical cases and experience of coping with aging. It suggests that the strategy about the solution for aging problems should be based on the development of technology. What is more, some supplementary method should also be taken such as idea innovation and the optimization of policy frame.

Summaries and expectations are made at the end of this article. It is proposed that the aging population is a globally strategic problem which cannot be changed only by individuals' purpose and it is the process of the logic of human beings. Aging issue is a double – edged sword. It is the issue of science, philosophy, society, and culture. It is also the symbol of the modernization, the improvement of society, and the modern civilization. Moreover, an aging population is the necessary pattern of the advanced development of the society.

This issue is the consequence of the different directions between it and the development of economic society. The key point is the conflicts between the necessary demand of senior citizens and insufficiency and unbalanced development. The opportunities and challenges of the aging society coexist. Opportunity is greater than challenge. There are many aspects of aging problems. The solution for it is a complex systems engineering which requires comprehensive and scientific steps. The reply of aging needs to create more conditions, trying to eliminate the negative impact and get full use of the positive effect, leading to the harmonious development of the aging society. While considering and acting the reply for aging problems, it needs to be prepared with enough courage and firmly faith, paying more attention to the development of economics and technology, which would provide a substantially material basis, technical support, and human resources.

In the future, with China's increasing entering the center of the world stage, with the increasing progress of China's economy, science and technology, have good conditions for sustainable development, with the three steps of the country's strategic guidance, and with a new round of national institutional reform and a comprehensive reform of the way of governance, the yearning for a good life and the coordinated development of an aging society will be gradually realized.

Keywords: aging; social development; scientific and technological progress; dual impact; active response.

CONTENTS

目录

第一章 引 言 …… 1
第一节 老年人与老龄化社会 …… 2
一、老年人与老龄化 …… 2
二、老龄化与老龄化社会评判标准 …… 6
第二节 老龄化的成因 …… 8
一、老龄化发生的表层原因 …… 9
二、老龄化现象发生机制及其深层原因 …… 9
第三节 老龄化的现状、趋势、特点及理想方向 …… 17
一、老龄化的基本现状和趋势 …… 17
二、老年人及老龄化特点 …… 20
三、理想的老龄化社会发展方向 …… 31
第二章 研究综述 …… 33
第一节 研究背景 …… 33
一、老龄化问题的全球性 …… 34
二、老龄化影响的深刻性 …… 35
三、当代科技发展的迅猛性 …… 36
四、老龄化问题应对的复杂性 …… 37
五、中国老龄化问题应对形势的迫切性 …… 38
第二节 国内外相关研究综述 …… 40
一、国外相关研究 …… 40

二、国内相关研究 …… 50
第三节 研究结构、意义、理论基础及可能的创新点 …… 60
一、研究内容、难点和研究思路、方法 …… 61
二、研究意义 …… 62
三、研究的理论基础 …… 66
四、研究的创新点与不足 …… 67
第三章 老龄化问题解析 …… 70
第一节 老龄化问题学理解析 …… 71
一、老龄化的科学视角 …… 71
二、哲学视野下的老龄化 …… 78
三、社会文化背景中的老龄化 …… 85
第二节 老龄化是现代化的结果 …… 92
一、老龄化是社会现代化的必然 …… 92
二、老龄化与现代化的关联 …… 94
第三节 老龄化对家庭和经济社会发展的影响 …… 99
一、老龄化对家庭的消极影响 …… 99
二、老龄化对家庭的积极影响 …… 102
三、老龄化对经济社会发展的消极影响 …… 103
四、老龄化对经济社会发展的积极影响 …… 108
第四节 老龄化对科技创新和技术进步的影响 …… 112
一、老龄化对科技创新和技术进步的冲击 …… 112
二、老龄化对科技创新和技术进步的积极影响 …… 115
第四章 老龄化问题应对的实践借鉴 …… 118
第一节 日本和韩国 …… 118
一、日本老龄化应对实践与借鉴 …… 119
二、韩国老龄化应对实践与借鉴 …… 124
第二节 欧盟和美国 …… 127

一、欧盟老龄化应对实践与借鉴 …………………… 127
二、美国老龄化应对实践与借鉴 …………………… 130
第三节　香港和台湾 ………………………………… 135
一、香港地区老龄化应对实践与借鉴 ……………… 135
二、台湾地区老龄化应对实践与借鉴 ……………… 138
第四节　浙江省和江苏省苏州市 …………………… 141
一、浙江省老龄化应对实践与借鉴 ………………… 141
二、江苏省苏州市老龄化应对实践 ………………… 143
第五章　我国老龄化社会的展望 ………………… 146
第一节　中国老龄化社会运行的新情况、新问题 ……… 146
一、中国老龄化社会运行的新情况 ………………… 147
二、老龄化社会运行中存在的主要问题 …………… 153
第二节　老龄化问题应对的根本——科技发展 ……… 156
一、积极发展科学技术，提升老龄化问题
应对支撑水平 ………………………………… 157
二、整合涉老大数据，充分发挥现代智能
科技的作用 …………………………………… 158
三、大力发展信息技术，加强老年技术产品
和服务供给 …………………………………… 160
四、以科技创新克服老龄化负效应，促进经济
新发展 ………………………………………… 166
第三节　老龄化问题应对的观念创新和政策优化 ……… 171
一、树立科学的老龄观，辩证看待老年人和
老龄化问题 …………………………………… 171
二、老龄化问题相关政策框架及优化 ……………… 178
第四节　我国老龄化社会发展前景 ………………… 183
一、科技创新应对老龄化问题未来前瞻 …………… 183

二、我国老龄化社会未来发展前景预测 …………………… 188
结　语 ………………………………………………………………… 192
参考文献 …………………………………………………………… 195
后　记 ………………………………………………………………… 218

第一章 引 言

人类作为地球上的生命体，无时无刻不在向往着美好的幸福生活，追求着健康长寿。随着科学技术的发展，特别是医疗技术的进步、生产力的改观，人生七十古来稀的说法已成为历史。随着越来越多的生命个体迈入60岁、70岁、80岁，乃至90岁、100岁。超越60岁、70岁、80岁等各个年龄段的生命群体在逐年增多，由此形成社会年龄结构的变迁，带来了一些值得全社会关注和研究，并需要加以应对的系列问题（如个体在养老、医疗、保障、精神慰藉等方面的问题；群体对社会、经济、政治、文化、环境、科技等方面的影响问题）。这些都是与老龄有关的问题，更进一步说，都是与老龄化相关的问题。老龄化问题已成为一种普遍的社会现象和21世纪全球必须应对的重大社会现实问题。

在当今中国，养老服务的主要问题是有效供给和无效供给倒挂，总量、质量和结构不匹配。首先，总供给不足，不能满足庞大老年人群体的养老需求；其次，供给质量不能满足更高水平的服务需求；再次，医养结合、康复护理、老年社区等不能满足老年人不断增加的急切需求[1]，人口老龄化的现代社会

[1] 张孟强：《多点发力：深化社区居家养老服务供给侧改革》，《中国社会报》，2017年11月23日第4版。

要求社会生活方式适老化的需求与现实供给的矛盾，等等。总之，我国老龄化问题集中在老年人快速增长的需求和不均衡、不充分发展之间的矛盾。积极应对人口老龄化，建立适合老年人的政策体系和重视孝道的社会环境，尊重老年人，促进医养相结合，促进老龄产业和老龄事业的发展，是一个重大的现实问题。

本书从科学与社会的视角，结合上述的现实基础而切入，从老龄化相关问题的界定入手，结合国内外研究和中国老龄化国情，解析老龄化问题，借鉴国（境）内外应对老龄化问题的典型实践，在可持续发展理论和积极老龄化理论的指导下，为中国老龄化社会的发展构建适合的策略体系。需要说明的是，本书内容不是纯哲学研究，不是人口学、社会学研究，而是从科学与社会互动，特别是科学对社会的影响的视角来分析、考察老龄化形成的原因，探讨老龄化到底是怎样的问题及如何应对，并展望我国老龄化社会的未来。为了做好老龄化问题解析及应对研究，这里先把与本书研究相关的一些基本概念、基本问题进行界定和梳理。

第一节　老年人与老龄化社会

毫无疑问，老龄化已成全球共同关注的重大问题。那么，什么样的人是老年人？老年人的特点是什么？什么是老龄化、老龄化社会？其成因又是什么？世界和我国老龄化现状、趋势及其特点有哪些？科技进步在老龄化过程中起到怎样的作用？这里需要先把这些基本问题加以明晰和界定。

一、老年人与老龄化

“衰老”是人类正常的生理变化过程，什么样的人是老年人？老年人怎样分类呢？下面做些简要讨论。

（一）老年人的概念及老年人的分类

什么样的人是老年人？这是一个看似简单，但又难以说清的概念。因为老年人的界定标准多种多样，更进一步来说，老年人的概念是一种文化符号，它的含义深刻而广泛，很难用一个确切的标准给它一个精确的定义。P. 塞尔比认为："衰老"是一个持续的、普遍的人类发展过程。选择一个特定的年龄来给"老年人"下定义，纯粹是一种武断的做法[1]。在世界上，50岁、60岁、65岁都曾作为老年的评判起点，其对应的代表著作或标志事件依次是：《人口年龄分类和死亡率研究》（1900年，桑巴德著）；《人口老化及其社会经济后果》（1956年，联合国报告）；首届"世界老龄大会"（1982年，维也纳）。界限65岁，当时针对的主要是发达国家；而20世纪80年代以来，发展中国家也普遍经历了人口转变，老年人口比例显著提高，并成全球性趋势[2]，在人均预期寿命提高的背景下，国际社会把老年年龄定为60岁[3]。这样的界定，有助于全球性老年人口研究[4]。

上面的年龄界定是从日历年龄这个角度，其实还可以从生理角度、社会学角度、身体健康角度、能否自理角度和是否退出劳动行列的角度等进一步界定分析[5]。

为了本书研究的方便，也为了与国际通用的一般标准一致，

---

[1] P. 塞尔比，M. 谢克特著，新蔚，黄育馥译：《老龄化的二000年——对社会的挑战》，生活·读书·新知三联书店，1987，第215页。

[2] 杜鹏：《老年人口划分标准问题》，《人口研究》，1992年第2期。

[3] 常华：《积极应对人口老龄化》，《科技智囊》，2009年第6期。

[4] 唐仲勋，戴惠珍：《人口老龄化与社会现代化》，南京大学出版社，1993，第16页。

[5] 党俊武：《老龄化社会引论》，华龄出版社，2004，第167页。

本书研究关于老年人的界定还是从日历年龄这个角度来进行，即老年人是指日历年龄达到或超过60岁或65岁的生命体。结合中国国情和习惯，我们所说的老年人是指日历年龄达到或超过60岁的人群。不可否认，老年人按日历（时序）年龄的界定也是具有时代性特点的。当前，中国把60岁作为老年人的起点，中国古代曾将50岁作为是否进入老年人行列的划分标准。随着我国经济社会的发展，不久的将来，从国家层面、研究层面上完全可以把超过65岁、70岁的人界定为老年人。

由于老年人的划分标准不同，老年人的分类结果自然也各不相同，即使按照某一个确定的标准划分（如生日年龄），老年人因其个体的差异还可以再细分，而细分的标准又有地理的（如城乡、地区、区域等）、人文的（如职业、文化程度、性别、健康状况、经济状况等）、心理的（如个性、社会阶层）等诸多变量，所以对老年人的分类是非常复杂的一个问题。这里为了研究的方便，并结合通行的做法，把老年人做如下简单分类：

按性别划分，老年人有男性和女性之别；按地区差异划分，有大城市老年人、中小城市老年人、农村老年人；按照自理能力划分，有自理、半自理、不能自理（失能失智）老年人；按照经济状况，有高收入老年人、低收入老年人、无收入老年人（低保和每月直接领取的新型农村养老保险除外）；按照养老方式的选择划分，有居家养老老年人、社区养老老年人、机构养老老年人；按照是否与子女同住、是否丧偶或离异划分，有满巢老年人、空巢老年人、独居老年人；按照养老金来源划分，有领取退休金老年人，领取社会保险老年人，自我储蓄、理财或再就业领取收入老年人，子女、亲属、政府、社会供给或支持救济的老年人，无收入老年人等；按照接受教育层次划分，有未受教育老年人、小学教育老年人、初等教育老年人、中等教育老年人、高等教育老年人，等等。

总之，老年人群体是一个复杂的异质群体，分类标准多样，分类结果各不相同。本书结合中国国情，把老年人按日历年龄分成：低龄老人（60~69岁）、中龄老人（70~79岁）和高龄老人（80岁以上），并结合如上所述，参照自理能力、养老方式和受教育程度等的分类标准。

（二）人口老龄化的概念

“人口老龄化”这一概念于1940年由美国人口学家R. 波尔最早提出并使用[1]。人口老龄化是人类面对的一个最重要问题和最严峻挑战[2]。我国于1982年第一次联合国老龄问题世界大会上开始引用人口老龄化（Aging of Population）这个词。那么，什么是人口老龄化呢？人口老龄化是一个动态变化的过程，反映的是老年人口在总人口中所占的比重。需要明确的是老龄化包括两层含义，其一是个体的老化，个人随着年龄增长逐渐衰老，是受生物规律制约的，不能改变的，任何人都无法返老还童。一个人（除非意外）总要由儿童、青少年、成年、中年走向老年，昨天的儿童是今天的成年人，通常又是明天的爷爷（姥爷）和奶奶（姥姥），都将成为这一辈分的一员。人的一生基本就是出生、成长、衰老、走向死亡这一过程，任何人如无意外都会经历这样的过程，这样的趋势基本上是不可逆的。诚如泰德C. 费晓闻所说：“老龄化是人类战胜自我带来的胜利果

---

[1] 党俊武：《老龄社会的革命——人类的风险和前景》，人民出版社，2015，第45页。

[2] 世界卫生组织：《积极老龄化政策框架》，华龄出版社，2003，第3页。

实，人类不可能放弃胜利果实来逆转老龄化的趋势”[1]。其二是群体的老龄化，在一定时空内老年人口达到一定年龄段（如60岁、65岁）前提下的变化，这一过程是老年人在总人口中的占比不断攀升，群体的平均寿命逐步延长的动态过程，群体老化受到社会规律的作用，在一定条件下，可以由老化逐渐恢复到年轻化，是有可能逆转的。在这个过程中人类不会灭亡，而是人类进步、社会发展的结果和规律的反映。总之，老龄化既表示一个过程，也表示这个过程的结果[2]。老龄化的理解需要从多角度、多层面进行。

二、老龄化与老龄化社会评判标准

前文对老年人及其分类进行了讨论，下面对老龄化及其评判标准做一定的分析。

（一）老龄化的评判标准

一个国家或地区是否进入老龄化，以及进入老龄化的程度如何，其判断或区分是有一定的标准的。一般的做法是，用老年比、老少比、抚养比和年龄中位数等指标判断。

老年比，国际上通常用老年人口（65岁以上）与总人口之比来表示，如果这个比例达到7%（这个比值介于0～1之间，但不等于0或1），就可以认定这个国家或地区已经进入老龄化（否则就属于年轻型或成年型社会），这个比率的高低反映着人口结构的变化以及老龄化进程的快慢程度，见表1－1。

---

[1] ［美］泰德C. 费晓闻（Ted C. Fishman）著，吴礼敬，刘娜，肖梦云译：《揭秘老龄化》，机械工业出版社，2011，第17页。

[2] ［法］保罗·帕伊亚著，杨爱芬译：《老龄化和老年人》，商务印书馆，1999，第6页。

表 1-1 老龄化进程的快慢[1]

社会类型	年轻型	成年型	老年型
老年比（%）	<4%	4%～7%	>7%

注：以 65 岁为基点。

老少比（老化指数）[2]，是指一定时空的老年人口（65 岁以上）与少儿（0～14 岁）人口之比，以描述老龄化进程的影响是来自顶端老年人口还是来自底端少儿人口。老少比这个比值可以小于 1、等于 1、大于 1，分别反映老年人口与少儿人口对老龄化的影响情况。

抚养比，是指老年人口（60 岁以上）与少儿人口之和与 15～59 岁的劳动力人口之比。抚养比越大，意味着劳动力人口的抚养负担越重；反之，则抚养负担越轻。老龄化的加重，则导致抚养比加大。

年龄中位数，把一个国家或地区的全部人口按照从小到大或从大到小的顺序排列，处于中间的那个人的年龄或者中间那两个人的年龄平均数称为年龄中位数，一般来说，当中位数大于 30 岁，就表明该国家或地区已进入老龄化。

本书研究主要以老年比为标准，同时，参照抚养比这个标准来研判老龄化的相关情况。

（二）老龄化社会

如前所述，人口老龄化意味着在特定区域、特定时间段老年人口占比相应增长的动态过程。一方面，老年人口占比增大，绝对数量增多，人口社会结构呈现新变化。那么，如何断

[1] 根据联合国相关界定和通常的分类整理得到。

[2] 李洪心：《人口老龄化与现代服务业发展关系研究》，北京师范大学出版社，2012，第 4 页

定一个国家或地区是否属于老龄化社会呢？评判标准通常是一个国家或地区60岁或65岁以上老年人口占比是否达到7%或10%，如已达到，就标志着这个国家或地区属于老龄化社会。由此可见，老龄化社会是一种人口结构占比状态或模型，老龄化社会反映的是人口结构的社会状态。世界卫生组织把老龄化的社会（按65岁的占比）进一步细分为：老龄化社会（Aging society，≥7%）；老龄社会（Aged society，≥14%）；超老龄社会（Hyper－aged society，≥20%）[1]。关于老龄化社会权威的界定标准情况见表1－2。

表1－2　老龄化社会的界定标准[2]

时间节点	划分人或组织	年龄起点	老龄化社会界定标准
1900年	桑德巴	50岁	老年人比重≥30%
1956年	联合国人口司	65岁	老年人比重≥7%
1975年	美国人口咨询局	65岁	老年人比重≥10%
1977年	爱德华·罗赛特	60岁	老年人比重≥12%
1982年	世界老龄大会	60岁	老年人比重≥10%

由此可见，老年人以及老龄化社会的界定标准具有时代性、动态性，不同的人、不同的时期会有不同的评判标准。

第二节　老龄化的成因

为什么会发生老龄化这种现象？为什么进入老龄化的国家或地区越来越多？特别地，为什么西方发达国家老龄化远远高

[1] 赵兴利：《论我国人口老龄化问题的应对办法》，《环渤海经济瞭望》，2012年第9期。

[2] 罗淳：《从老龄化到高龄化：基于人口学视角的一项探索性研究》，中国社会科学出版社，2014，第41页。

于广大发展中国家？是历史的必然，还是一种偶发现象？要回答这些问题就需要探究老龄化发生的原因和机制问题。

一、老龄化发生的表层原因

纵观人类历史的长河，生产力长期处于低水平，加上贫穷、战乱和疾病，60 岁及以上的人口占比长期维持在3%左右[1]。是什么原因带来了老年人口占比的变化，并导致了老龄化现象的发生呢？按照现在的标准来看，老龄化是否到来或发生主要看其60 岁或65 岁以上的老年人口占比是否达到 7%或 10%。从表面看来，达到这个比例只需要总人口不变的情况下老年人口增多；或者老年人口不变，总人口减少；或者老年人口增加的数量大于新生儿增加的数量，即需要满足人均寿命延长、死亡率下降、出生率下降其中一项或几项指标。换句话说，人均寿命延长、死亡率下降、生育率下降是老龄化发生的表层原因。人均寿命的延长又是什么原因导致的呢？死亡率下降、生育率下降又是什么原因导致呢？老年人的占比动态变化又是怎样发生的呢？因而，我们还需要进一步探究老龄化发生的深层原因。

二、老龄化现象发生机制及其深层原因

老龄化现象的发生不是偶然的，而是有其发生的作用机制和深层原因，老龄化社会不同于一般的青年或成年社会。

（一）老龄化现象发生的作用机制

1950 年以来，由于科技进步和经济社会的发展，开始出现

[1] ［日］日本经济新闻社编，冯朝阳，王晓民译：《日本经济新闻社编老龄化社会——无形的革命》，新华出版社，1987，第 1 页。

老龄人口增多的现象[1]。老龄化是因年龄结构的变化而呈现的，而引起人口年龄结构发生变化的主要作用机制通过科学技术进步、医疗卫生事业发展、经济社会进步三大因素传导给出生率、死亡率、人均寿命和人口的迁移。出生率下降势必影响人口的总量，即使老年人口不变，老年人口占比也会变大；而死亡率的下降，使得老年人健康长寿的数量相对增多，即使人口总量不变，60岁以上老年人口占比也会变大；人均寿命的普遍延长，带来的是老年人存量的上升，老年人口占比变大；而人口的迁移除了灾害、战争之外，主要是年轻人从农村迁移到城市、从贫困落后地区迁移到发达地区，由此使得城市、经济发达地区人口总量增加，即使本地区老年人口总量不变，由于人口总量的增加，老年人口占比也会降低。与此相对应的，农村和贫困地区由于年轻人的流出，使得该地区人口总量变小，即使老年人口不变，也会使得该地区老年人口占比变大。追根求源，老龄化现象的出现是由于科学技术进步、医疗卫生事业发展、经济社会进步三个方面的发展引起了人们生活条件、生活方式、生育行为、人口流动等方面的变化，进而引发人口结构的变化。

（二）老龄化发生的深层原因——科技进步

如上所述，综合国（境）内外老龄化的情况，可以把发生老龄化现象的深层原因归纳为以下几个方面：

1. 科学技术的进步为老龄化的发生提供了物质条件

科学技术的发展，带来了工业革命、粮食的增产和人类生活条件的改善，使得人类生存能力增强，死亡率降低，预期寿

---

[1] ［日］日本经济新闻社编，冯朝阳，王晓民译：《日本经济新闻社编老龄化社会——无形的革命》，新华出版社，1987，第1页。

命延长，年龄结构老化[1]。在工业革命以前，人类社会的科学技术还不发达，生产力低下，死亡率很高，人口再生产始终处于高出生率、高死亡率的结构状态，人口世代更替迅速，平均寿命很低，婴儿存活率很低，能够活到老年的人更是罕见，所以人口老化问题是不可能出现的。[2] 科学技术、工业化的发展实现了“死亡率的革命”，预期寿命得到延长，能够存活到老年的人口越来越多，从而为人口老龄化的发展提供了前提[3]。

科学技术的进步应用于农业，改变了旧有的耕作方式，增加了粮食供应的品种和产量，免除了人们的饥饿之灾，改变了营养结构，人们的身体素质得到巨大提高[4]。事实上，难以设想一个经常忍受饥饿的人会有健康的体魄，以此构成的社会能有大量的健康长寿群体出现[5]。科技的进步带来了生产力的提高，并生产出足够多的剩余劳动产品，供养一个庞大的非劳动群体——老年人及少儿[6]。随着生产自动化程度的提高，越来越多的人从事脑力劳动，即使从事体力劳动的人其劳动强度也逐步降低，这有助于减缓劳动者劳动能力的损耗，延长其预期寿命，为老龄化的发生、发展创造了条件。从历史的维度对比来看，发达国家老龄化先于发展中国家，正因其社会生产力水

[1] 唐仲勋，戴惠珍：《人口老龄化与社会现代化》，南京大学出版社，1993，第4页。

[2] 唐仲勋，戴惠珍：《人口老龄化与社会现代化》，南京大学出版社，1993，第4页。

[3] 党俊武：《老龄化社会引论》，华龄出版社，2004，第80－81页。

[4] 邝智孟：《试论科技发展对人口因素的影响》，硕士学位论文，广西大学，2006年，第5页。

[5] 韩振秋：《人口老龄化与科技创新关系研究述评与优化》，《自然辩证法研究》，2017年第10期。

[6] 赵兴利：《论我国人口老龄化问题的应对办法》，《环渤海经济瞭望》，2012年第9期。

平高于发展中国家。

总之，科学技术的进步为老年人口的增多开辟了道路，为老龄化的发生创造了物质条件，人类社会呈现出科学昌明、经济繁荣、人们物质和精神文化生活水平提高的良好局面，科学技术发展也为人口结构转向、为老龄化到来和发展起到了助推作用❶。

2. 医疗技术、生物科学的进步为老龄化发展提供了技术支撑

医疗技术的发展和进步为人类的生存和延续提供了技术条件，也为更多人从儿童、青少年、青年、中年，走向老年成为可能。特别是，随着生物科学的发展以及在医学领域的广泛应用，医疗设备的改善，不仅提高了医学水平，而且使得威胁人类健康的各种疾病不断得到有效控制。尽管医学的发展短期可以减少残障，长期却可以增加残障❷，但医学发展还是为人们延长寿命提供了强大的技术保障。例如，青霉素和大量抗生素的发明，有效防治了一些急性传染病和疑难杂症。由于科学技术的发展和医疗卫生条件的进步，人均预期寿命不断延长，在近100年间增长了26岁。东京大学动物学教授江上信雄说："在野生状态下动物的寿命是不会延长的，人类也是一样。只是由于抗生素等的发现，人为地创造了长寿的条件时，寿命才开始延长。因此，老龄化时代也可以称作'人造生命'的时代"❸。

---

❶ 韩振秋：《人口老龄化与科技创新关系研究述评与优化》，《自然辩证法研究》，2017年第10期。

❷ 理查德·A. 波斯纳著，周云译：《衰老与年龄》，中国政法大学出版社，2002，第54页。

❸ 日本经济新闻社编，冯朝阳，王晓民译：《老龄化社会——无形的革命》，新华出版社，1987，第1－2页。

同时，随着卫生学和医学的发展，人类找到了增强体质的方法和有效途径，极大地改善了人的健康素质，提高了人们的生活质量，为健康长寿、美化环境带来了新的生机❶。这也为新生儿从出生就有健康的体魄，并为其在未来能够健康地生活奠定了基础。日本未来医学研究会会长樱井靖说："如果人造内脏与医药研究获得成功，很可能就能控制老化"❷，从而使更多的人能尽享天年。无疑，医疗技术的发展和生物科学的进步，为老龄化发展提供了技术支撑。

3. 经济社会的进步为老龄化全面到来提供了保障

人均寿命的延长得益于科学技术的进步，医药科学的发展更得益于因生产力的改善所带来的物质财富的丰富和发展，带来了医疗、食品、生活条件的改善和新变化❸，由此带来的人们休闲娱乐内容和方式、工作内容和方式等方面的精神财富的充裕，使得越来越多的人能够有条件、有可能进入老年期，并实现老有所乐、老有所为、老有所养。如果一个社会太穷，食物十分匮乏，喂养一个老人会使年轻人饥饿，在这种情况下这个社会很可能会让老人挨饿，或直接杀死老人❹。工业革命以来，人们有条件获得相对丰富的食品和营养，健康状况得以提高，人们比以往任何时候都长寿。从全球来看，预期寿命从1820年的26岁提高到2014年的71岁❺。就中国来看，经济社

---

❶ 邝智孟：《试论科技发展对人口因素的影响》，硕士论文，广西大学，2006年，第6－9页。

❷ ［日］日本经济新闻社编，冯朝阳，王晓民译：《老龄化社会——无形的革命》，新华出版社，1987，第93页。

❸ ［日］日本经济新闻社编，冯朝阳，王晓民译：《老龄化社会——无形的革命》，新华出版社，1987，第1－2页。

❹ ［美］理查德·A. 波斯纳著，周云译：《衰老与年龄》，中国政法大学出版社，2002，第246页。

❺ 胡鞍钢：中国健康发展之路是从"东亚病夫"到"东方巨人"［EB/OL］. http：//www. gywb. cn/content/2016－08/22/content_5204500. htm.

会进步使人均预期寿命从35岁（中华人民共和国成立初期）提高到76.7岁（2017年）。欧洲人均寿命从18世纪的25岁提高到76岁（2013年）。历史表明，人口老龄化是社会经济发展的一项伟大成就❶。越来越多的国家和地区进入老龄化社会不是偶然的，它是经济发展、技术进步的伴生物。经济社会的发展和进步，使得社会福利、社会保障制度日趋健全，为老年人生存于老龄化社会提供了保障。

4. 人们生育观念的改变助长了老龄化的快速发展

索维（A. Sauvy）指出的关于老龄化的经验法则认为，促使人口老龄化的因素，并非死亡率下降或出生率降低这两方面，而是在于出生率降低这一个原因❷。这一说法固然有些偏颇，但是这里抓住了出生率下降这一导致老龄化的重要原因，在这里没有回答出生率下降的原因是什么。事实上，导致出生率下降的根本原因是生育观念的改变。人口老龄化是一个客观过程，融入了人类的价值因素（少生育、提高生活质量、活得更长、更有意义和尊严），是价值因素和事实因素的结合，是主观和客观通过人类行为体现出的客观性。在现代化、工业化中的人们生活方式悄然发生变化，并导致了“生育观念”的变革，这为老龄化的发生创造了决定性的契机❸。

经济社会的进步使得国家和政府有条件建立起可以平衡、缓和社会矛盾的各种制度，从而改变了过去“多子多福”“养儿防老”的旧观念。这进一步导致年轻人对生育和人生价值的观念发生了很大的变化，影响了人们的生育愿望。特别是在科

❶ 李旭初：《我的老龄观》，武汉大学出版社，2014年，第10页。

❷ ［日］南亮三郎著，张宝译：《人口论史》，中国人民大学出版社，1984，第300页。

❸ 党俊武：《老龄化社会引论》，华龄出版社，2004，第80－81页。

技发展进程中，女性的地位和价值得到了进一步体现，随着女性自我意识的觉醒和实现自我价值意识的提高，使得“不育文化”有所加强，从而大大降低了生育率。科学技术的发展导致了全球的低生育率。避孕技术的迅速提高与普及为生育率的大幅下降提供了条件，从而加快了人口老龄化的进程[1]。

随着农业社会转向现代工业社会，少儿教育及抚养成本急剧增加，加之生产方式的巨大改变，冲击了人们旧的生育观念，而被“少生优生，提高人口素质”的现代生育观念取代，拉低了出生率水平[2]。因此可以说，生育观念的改变影响了出生率，进而影响了人口结构，导致老龄化程度呈动态变化。生育行为的改变主要表现在人们生育子女的愿望在降低，特别是生育多个子女的家庭的绝对数量在减少。可以说，人们的生育行为助长了老龄化的快速发展。

5. 人口迁移直接影响着迁入地和迁出地的老龄化程度

一个国家或地区老龄化的进程还受人口迁移的重要影响。人口迁移有国际和国内迁移。国（境）内外实践表明，无论是国内，还是国际的移民，主要是以劳动力移民、技术移民为主，而这些移民当中当然又是以青壮年为主，这样自然就导致有大批外来移民的国家或地区老龄化程度相对降低。相反，移出的国家或地区又一定程度上加重了老龄化。法国早在 19 世纪中叶就进入了老龄化，但由于其积极的移民政策，致使其从老龄化社会走向老龄社会持续了 115 年，现在的老龄化程度也并不是最严重的国家之一，不属于超老龄社会。从国内来看，迁移主要从中西部到东部、从农村到城市，迁移的主体是青壮年，这

[1] 党俊武：《老龄化社会引论》，华龄出版社，2004，第 80 – 81 页。

[2] 赵兴利：《论我国人口老龄化问题的应对办法》，《环渤海经济瞭望》，2012 年第 9 期。

使得我国中西部地区（如重庆、四川等）老龄化程度居高不下，农村老龄化比城市更加严重。例如，上海由于接纳了大量的国（境）内外迁移民众，使其老龄化水平反而有所降低。上海65岁以上老年人口占比从2000年的11.46%下降到2010年的10.12%；相反，由于大量年轻人口迁出，重庆、四川在2010年的老龄化水平达到全国的前两名[1]。由此可见，迁入、迁出地的老龄化都受人口迁移的影响[2]。

当然，老龄化的进程除了上述原因之外，也还有一些其他原因，例如，计划生育政策，尤其在中国，以此控制人口的出生率，导致人口总量的发展相对缓慢，这也加快了老龄化的进程，并加重了老龄化的程度。

总之，老龄化并不单单是人口年龄结构的表面变化，而是科技、医疗、社会、经济、生育意愿、人口迁移等多重因素共同作用的结果，最根本的是，科学与社会相互作用的结果。因此，可以说人口老龄化是社会进步的标志，科学技术的进步和发展是人口老龄化的根本性原因。[3] 因为，不论经济社会进步、人口迁移，还是人们生育观念的变化，都是在科技进步，是在劳动生产率大幅度提升的基础上得以实现或发生的。纵观国（境）内外来看，老龄化的成因系统非常复杂，具体可以通过图1－1来描述。

---

[1] 黄润龙：《长三角城市群的经济发展与人口迁移老龄化》，《现代经济探讨》，2011年第12期。

[2] 熊必俊：《人口老龄化与可持续发展》，中国大百科全书出版社，2002，第13页。

[3] 王冰：《社会深层的人口效应与人口老龄化的社会影响》，武汉大学出版社，2006，第196页。

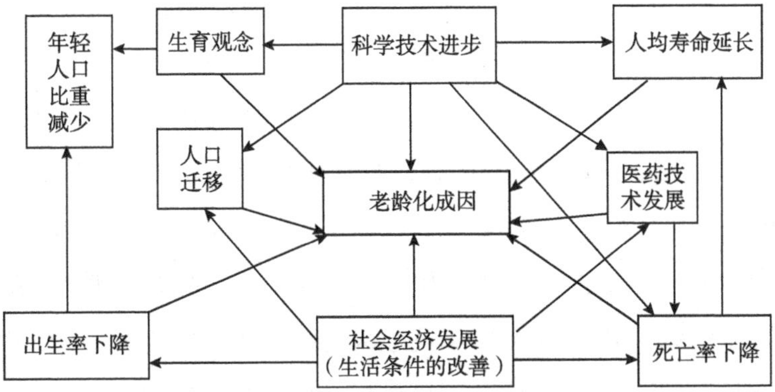

图1-1　老龄化的成因系统

第三节　老龄化的现状、趋势、特点及理想方向

人口老龄化是人类社会发展的必经阶段，了解老龄化的基本现状，认识老龄化的特点（作为发展中的中国，在老龄化进程中呈现出一些鲜明的特点），对于分析和预测未来发展，并制定相关的应对策略具有积极的意义。

一、老龄化的基本现状和趋势

纵观全球，人口老龄化整体快速推进，在推进的过程中全球和中国老龄化的现状和趋势又不尽相同。

（一）全球的老龄化基本现状和趋势

老龄化正成为引起人类社会、经济、政治变化的重大的全球性趋势，是人类前所未有的课题。从现代对老龄化问题的关注及对老龄化标准的评判来看世界历史，老年人在世界每个国家和地区都是存在的，只不过数量或多或少，总量在人口的占比高低不同。真正出现大量的人均寿命延长、生育率持续下降的现象，老年人口占比达到现代评判老龄化的标准，是在科技医疗持续进步、社会极大发展的情况下发生的。1851 年，法国 60 岁及以上人口占比达 10.1%，成为全球最早跨进老龄化的国家❶。此后，一些发达的国家，如瑞典于 1890 年、英国于 1930 年、美国于 20 世纪 40 年代、日本于 1970 年陆续步入老龄化，中国也于世纪之交跨入老龄化国家行列，成为第 50 个进入老龄化的国家。当前，多数国家或地区已跨进老龄化社会，老龄化问题已成为全球面临的共同挑战❷。世界卫生组织在 2015 年把 65 岁及以上的人口占比情况进行了分析，将世界 232 个国家或地区的老龄化情况分成了四类：年轻型国家或地区（共 129 个，如巴西、印度、土耳其等）；老龄化国家或地区（共 55 个，如俄罗斯、中国等）；老龄社会国家或地区（共 42 个，如瑞典、希腊、加拿大等）；超老龄社会国家或地区（共 4 个，如摩纳哥、日本、德国、意大利）❸。

《2015 全球老龄事业观察指数》显示，60 岁以上人口大约有 9.01 亿，占全世界的 12.3%，再过 15 年，比例将达 16.5%，到 21 世纪中叶，60 岁以上人口将超过 15 岁以下人口❹。按照联合国 2015 年世界人口展望分析来看，世界人口老龄化迅速增长。在未来几十年里，在世界大多数地区人口的显著老龄化都将出现。从欧洲来看，预计超过 60 岁的人口将达到 34%。非洲最年轻的地区，预计也将迅速老龄化，60 岁以上人

❶ 全球老龄化状况及其应对措施 [EB/OL].（2015－10－1）. http://news.eastday.com/eastday/13news/auto/news/csj/u7ai4686835_K4.html.

❷ 王忱，董魁，张宁，等：《老龄社会中养老问题的思考》，《中国药物与临床》，2014 年第 11 期。

❸ 根据世界人口网相关数据资料分析整理得出。

❹ 数据来源于国际助老会发布的《2015 全球老龄事业观察指数》的报告。

口或从 2015 年的 5% 上升到 9%。[1] 世界老龄化大致趋势如图 1 –2 所示。

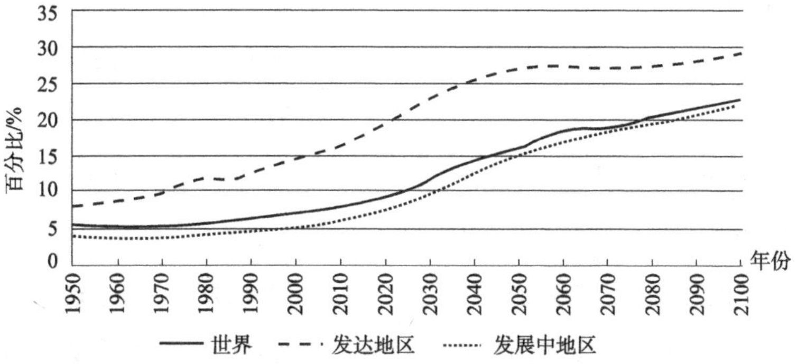

图 1 –2 世界老龄化趋势[2]

（二）中国的老龄化基本现状和趋势

2016 年年末，全国 60 岁及以上的人口约 2. 3086 亿人，占总人口的 16. 7%[3]，比 2010 年高 3. 44 个百分点。2017 年年末，60 岁及以上人口已经达到 2. 4090 亿人，占总人口的 17. 3%[4]。可见，老龄化程度在逐年加深。预计到 21 世纪中期，将有 35% 的人口超 60 岁，使中国成为老龄化最严重的国家[5]。另外，从特殊老年人口（失能、高龄、空巢、独居）来看，权威预测，21 世纪中叶失能老人将达 9750 万；高龄老年人口达 1. 08 亿；空巢和独居老年人口达 2. 62 亿[6]。可见，我国老龄化在未来几十年的发展相当严重。

[1] 数据来源于《联合国世界人口展望（2015 年修订本）》。
[2] 资料来源：United Nations，World Population Prospects：The 2015 Revision。
[3] 数据来源于中华人民共和国 2016 年国民经济和社会发展统计公报。
[4] 数据来源于国家统计局 2018 年 1 月 18 日发布的最新老年人口统计数据。
[5] 数据来源于世界人口网发布的 2015 年世界各国人口老龄化现状。
[6] 根据全国老龄办政策研究部相关研究和数据预测。

二、老年人及老龄化特点

在老龄化社会的今天，老年人在家庭、社区的特点或作用日益凸显。从中国的老龄化进程来看，呈现出具有规律性的一些特点，厘清这些方面对于如何应对老龄化问题是十分有益的。

（一）老年人的特点及其在家庭、社区、社会中的作用

衰老是一个普遍的、自然发展的必然规律。一般来说，因个体的不同，衰老的速度也有差异，这与遗传、心理等诸多因素有关。作为老年人，其人体的八大系统，如神经、消化、运动、循环等都会随着年龄的增长发生不同程度的衰退，由此造成老年人的感觉、意识、反应等能力都在逐步降低。老年人的一些生理的、心理的、行为的特点表现为：体质下降，多种疾病缠身，孤独、失落感、依赖性增强，固执、倔强，情绪不稳，拒斥新事物（新科技）感增强，渴望精神关爱和物质帮助，反应迟钝，动作灵活性、协调性差，行动笨拙等。与此同时，多数老年人还表现出文化知识传承，闲暇自由，稳重老练，吃苦耐劳，生产生活经验丰富（阅历丰富），有威望受人尊重，人老不服老，希望为家庭、社会多做贡献等鲜明的个性特点。老年人在家庭、社区、社会中有着非常重要的作用。

1. 老年人在家庭中的作用

家庭是社会生活的基本细胞，是老年人幸福生活的存在基础。在中国，家庭承担了儿童社会化、赡养老人的重要职能。家庭仍是中国老年人生活的基本单位。老人所处的家庭有五种类型：直系家庭、老人核心家庭、独居家庭、隔代家庭和鳏寡孤独家庭。老年人在不同的家庭所发挥的作用也有所不同。就一般家庭和一般老人来说，老年人作为家庭中的成员，其

作用是非常明显的，在中国的传统孝爱文化的影响下，老年人在家庭中的地位更是凸显，尤其在农耕时代，作为一家之长，作为全家的操盘手和掌舵者，全家上下基本上都是唯家中老年人之命是从。很少出现不听从、不尊敬、不孝顺老年人的晚辈。

在传统的农业社会里，老年人以其丰富的生产经验、智慧而让年轻人对其敬仰，对老年人发出“姜还是老的辣”的赞叹。我国人口老龄化之前，家庭的生活生产由老年人来统筹安排，因为他们有着丰富的阅历和生活经验，老年人在这样的社会条件下，地位往往是至高无上的。由于工业化、现代化的影响，老年人在家庭中与子女关系趋于平等，这其实是社会进步的表现。

传统的中国家庭，老人是一家之长，具有绝对权威，承载着生产、消费、抚养、教育和养老等多种职能[1]。当前，这种权威随着家庭规模和结构变迁已逐渐消失[2]。老人的家庭地位由家长绝对权威向平等化这一趋势转变，乃至家长处于弱势地位的一方转变。综合来看，老年人在家庭中的作用，特别是在直系家庭、老人核心家庭、隔代家庭中的作用主要有：承担家庭的稳定和亲缘关系的交往延续，家庭生活、生产和经营的部分决策，隔代人的教育、传统道德教化，家务劳动、后勤保障、协调家庭成员关系等。

2. 老年人在社区（村居）中的作用

老年人从劳动岗位上退下来后，主要的去向是回归社区（或村居），从单位人变成社会人，在社区、在家庭中开始新的

---

[1] 丁文：《家庭学》，山东人民出版社，1997，第326－366页。

[2] 老龄问题国际讨论会文集中文版编辑组：《老龄问题国际讨论会文集》，劳动人事出版社，1988，第1048页。

生活。社区是除家庭之外老年社会生活最主要的场所，老龄化呼唤社区加快建设。随着老年人的增多，随着社区老年人的集聚，老年人逐步成为社区中的一支重要力量，老年人在社区（村居）中依然可以发挥重要作用，这些作用主要表现在：参与社区类似于物业维权治理，参与村居民事调解，参与社区治安、助老助困志愿活动，参与行业督察工作和社会活动、维护社区和谐等作用。

3. 老年人在社会中的作用

利奥·西蒙斯是最早探寻老年人对社会作用的学者，他在《原始社会中老人的角色》一书中对那时老年人的社会作用进行了研究[1]。杰·索科洛夫斯基指出，老人有在传承知识、关爱儿童，在仪式、司法和政治决定等方面的社会作用。老人丰富的知识与养育年轻一代的行为相结合，延续了人类社会[2]。这一点在许多民族志里都得到了验证。老年人通晓天文地理，熟知生态、健康、宗教仪式，甚至能解释部落由来的神话等知识，在传统社会中发挥着智囊作用。在一些非洲部落，操纵生命仪式、为孩子命名的关键人物都是老年人，甚至安排西非的村妇歌咏，让年轻的农妇相信必定会丰收，也成为老年人独特的一项职能[3]。在所有的社会里都能看到老年人，但是比例却非常不同（每个社会对老年人的界定标准也不尽相同）。这就不难理解非洲格言“一个老人去世，就如同一座图书馆被焚

---

[1] ［美］杰·索科洛夫斯基著，杨春宇译：《步入盛年的老龄化人类学研究》，《云南民族大学学报（哲学社会科学版）》，2009年第1期。

[2] ［美］杰·索科洛夫斯基著，杨春宇译：《步入盛年的老龄化人类学研究》，《云南民族大学学报（哲学社会科学版）》，2009年第1期。

[3] ［美］杰·索科洛夫斯基著，杨春宇译：《步入盛年的老龄化人类学研究》，《云南民族大学学报（哲学社会科学版）》，2009年第1期。

毁”[1] 所描述的老年人独特价值的意蕴。老年人在价值观传承，在很多技艺、才艺，甚至独门绝技、灵丹妙方的传承方面都有重要的、独特的，甚至无可比拟的作用。

当前，在我国，老年人作为社会的一员，在整个社会建设、经济发展中依然可以发挥独特的作用。这些作用主要包括：参与社会调查和专题调研，为社会经济发展提供决策建议；发挥政治优势，对广大青少年进行爱国主义教育；积极参与社会公益活动，推动社会文明进步；结合自己的专长和技能为需要的群众服务；撰书立卷，为社会留下宝贵的精神财富；发挥其年龄优势、有威望的优势，为稳定社会秩序发挥聚合力等作用。老年人依然是社会的宝贵资源，是社会的重要消费者，也是社会经济发展、产业结构转型、各种服务需求的重要推动者，是社会和谐稳定的重要基石，也是世界各国民主政治选举时获得支持的重要争取对象。当然，老年人口及其生活、卫生保健、照料服务等方面的增多，势必也带来了一些资源、环境的负面影响，迫切需要科技创新加以解决。总之，老龄化的到来，老年人数量的相对增多，对一个国家或地区的政治、经济、社会、文化，乃至生态文明和科技创新发展都会带来一定的影响，既有良好机遇，又有一些亟待解决的困难。

（二）世界老龄化特点

人口转变是人类现代历史上一项重大的社会变革。人类从人口激增，步入了人口老龄化。纵观人类发展的历史长河，老龄化的出现历史不足200年，而老龄化特别值得关注并引起各国高度重视不过几十年而已。各国老龄化的进程、起点、基础

[1] ［美］理查德·A. 波斯纳著，周云译：《衰老与年龄》，中国政法大学出版社，2002，第4页。

条件、程度及带来的影响等都不尽相同。总体来看，世界老龄化呈现出如下一些相近的、主要的特点。

1. 进入老龄化国家的时间参差不齐

《世界人口状况报告》（2003年6月）表明：全球总体已步入老龄化（按60岁及以上占比统计）。如前所述，发达国家进入老龄化早于广大发展中国家，发达国家进入老龄化基本都是20世纪下半叶的事情，乃至更早。例如法国，瑞典、英国，美国、日本分别于1851年、1890年、1930年、1940年、1970年进入老龄化社会。广大发展中国家进入老龄化多数是在世纪交替或进入21世纪后的事情，如中国和巴西分别在2000年和2010年进入老龄化社会，而南非在2020年以后也将进入老龄化社会[1]。印度至今还没有进入老龄化，预计在2020年将成为老龄化的国家。

2. 世界老年抚养比加重，经济运行压力增加

联合国世界人口展望数据（1950—2010年）显示，全球每百名劳动力赡养65岁以上老人的比例逐年升高。随着全球老龄化的发展，世界老年抚养比逐年增加，2010年已达23.6%。世界欠发达地区（不含中国）的老年抚养比也在增加，2011年老年抚养比为7.9%，到2050年老年抚养比将达18.8%。世界最不发达地区2011年老年抚养比仅为6.0%，2050年老年抚养比将达26.1%[2]。图1－3所示为世界各地老年抚养比趋势对比情况。

---

[1] 赫国胜，柳如眉：《金砖五国人口老龄化、公共养老金支出及其改革策略分析》，《经济体制改革》，2016年第5期，第57页。

[2] 国家发展和改革委员会：《人口和社会发展报告2014——人口变动与公共服务》，国家发改委，2014年。

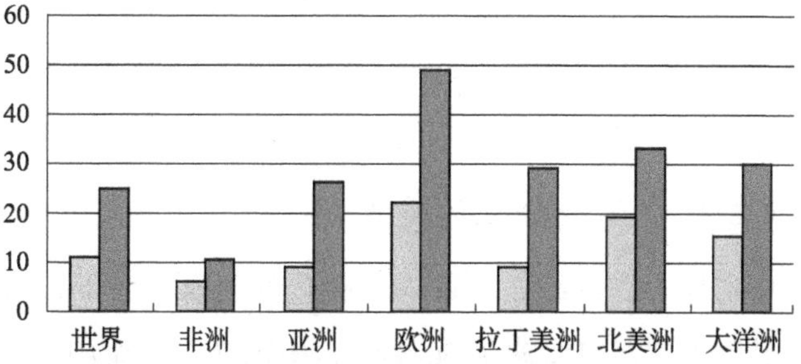

	世界	非洲	亚洲	欧洲	拉丁美洲	北美洲	大洋洲
2000年	11	6	9	22	9	19	15
2050年	25	10	26	49	29	33	30

图1-3 世界老年抚养比对比[1]

从历史的纵向和横向对比来看，老年抚养比从1950年的8.4升高到1980年的10.4，再到2010年的11.7。这三个年份对应的各国数据情况是：美国，12.8、13.8、20.4；日本，8.3、13.4、36；英国，16.2、23.3、25.2；巴西，5.4、7.3、10.2；中国，7.3、8.5、11.4；印度，5.3、6.4、7.8[2]。从以上数据来看，由于老龄化带来的全球劳动人口负担普遍加重，发达国家的负担更重。对未进入老龄化的国家或地区来说，其劳动人口负担也在增加，但负担明显较轻。老龄化带来的社保、医保、养老等方面的压力加大，进而影响整个国民经济的良性运行。

3. 老龄化与高龄化并行

老龄化不仅使老年人口占比增大，而且使老年人口自身也在不断老化。从全球视角来看，80岁以上的高龄老年人增加速度远快于其他年龄段的老年人群体。有数据显示：1950年全球高龄老年人有0.14亿，2000年这个数字达到0.69亿，高龄人口增加了5倍，每年平均增加3.3%，远超2.2%的60岁老年

[1] 数据来源于联合国网站，人口统计部分。

[2] 根据联合国数据库中老龄人口抚养比这部分内容整理得来。

人口增加速度。在北欧，高龄化已经超过20%❶。在日本，2015年80岁以上人口已突破千万❷，中国的高龄老人正以每年百万递增。可见，全球老龄化伴随着高龄化。

（三）中国老龄化的特点

中国作为在世纪之交进入老龄化的国家，由于人口基数巨大、计划生育政策实施了30多年，中国现有的独特城乡二元结构，又作为全球最大的发展中国家等原因，使中国老龄化呈现出以下鲜明的特点：

1. 老年人口数量庞大，增长速度极快，高峰期持续时间长

如前所述，中国老年人已经达到了2.4090亿人（2017年底）。这个数字几乎是日本总人口的两倍，美国总人口的三分之二还多。中国老龄化速度极快，这表现在四个方面：

第一，从成年型（1980年）转为老年型（1999年）仅用了19年，大大快于一些发达国家，如英国这一过程大约用了80年，瑞典用了40年。

第二，中国从老龄化社会转为老龄社会将用25年左右的时间，而发达国家则长达数十年、半个世纪之多。如法国用了115年，美国用了65年，英国用了45年，日本用了24年。表1－3为中国与几个国家老龄化速度对比情况。

第三，老年人口的数量上升极快，60岁及以上人口在2000年为1.331亿，2010年为1.776亿，2017年为2.4090亿，2000—2010年每年老年人口增加445万，2010—2017年每年递增880多万，老年人口占比持续增大。图1－4所示为

❶ 李红心：《人口老龄化与现代服务业发展关系研究》，北京师范大学出版社，2012，第9页。

❷ 张玉来：《老人"底层化"成经济隐患》，《人民日报》，2015年10月12日第22版。

2008—2017年65岁人口变化情况。

表1-3 中国与几个国家老龄化速度比较❶

65岁以上老年人口占总人口的比例达到特定值的年份和所需年数						
国家	到特定值的年份			所需年数		
	7%	10%	14%	7%～10%	10%～14%	7%～14%
中国	2002	2018	2019	16	11	27
日本	1970	1985	1994	15	9	24
英国	1930	1950	1975	20	25	45
法国	1865	1940	1980	75	40	115
美国	1945	1975	2010	30	35	65

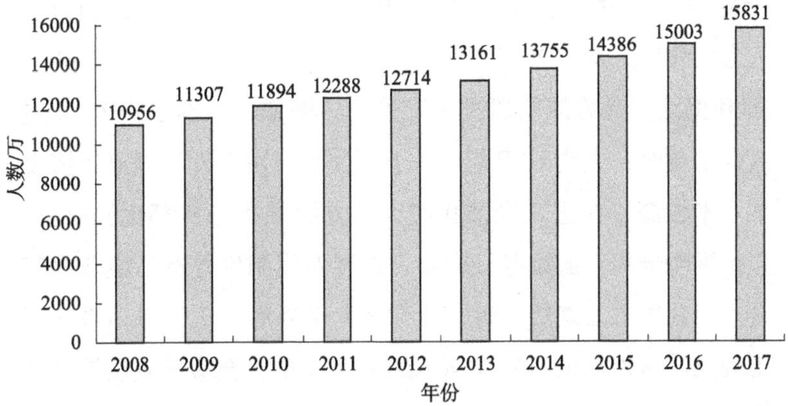

图1-4 2008—2017年65岁老年人变化情况❷

第四，老年人口增长速度之快还表现在，从老龄社会到超老龄社会转变极快，65岁及以上人口占比从14%上升到20%，预计中国大约需要10年（预计2027—2037年），日本用了12年（1994—2006年），法国将需要41年（1979—2020年），英国将需要45年（1976—2021年），美国将用15年

❶ 于学军：《中国人口老化的经济学研究》，《中国人口科学》，1995年第6期。

❷ 数据来源于国家统计局网站资料。

(2013—2028 年)[1]。中国老龄化高峰期将发生在 21 世纪 30 年代，并持续约 40 年。未来这一新国情，有可能改变经济运行，影响国民经济的可持续发展[2]。

2. 未富先老，未备先老

1840—1870 年德国经济起飞，其老龄化发生在 1890 年[3]，发达国家老龄化与经济社会发展速度水平基本是同向协调的，这样各种问题可逐步得到有效的解决。但是，我国老龄化发生在经济起飞前期。从上海来看，1978 年进入老龄化，人均 GDP 仅为 2500 元人民币，中国整体进入老龄化时人均 GDP 不足 1000 美元（2000 年），属于典型的未富先老国家。发达国家进入老龄化时人均 GDP 相对较高，多数国家人均 GDP 达 3000 ~ 5000 美元，有的甚至超过一万美元，例如，日本在 1970 年进入老龄化时，人均 GDP 超过 1.1 万美元。由于发达国家经济发展水平较高，在进入老龄化时，各方面准备一般都比较充分，包括围绕老年人的服务、设施、福利保障制度等都已经非常完善，而我国进入老龄化时，社会养老保障和养老服务体系还很不健全。另外，根据 2000 年民政部发布的社会服务发展统计公报，老年人床位数不足 100 万（全国各类社会福利院床位达 112 万张，包括儿童福利院），按照第五次人口普查数据，老年人按 1.331 亿来测算，每千人床位数不足 8 张，大大低于发达国家每千人 50 ~ 70 张床位数，也低于一般发展中国家每千人 30 ~ 50张床位数的标准（近几年随着国家和各级政府对社会养老服务的重视，一些数字发生了根本性的变化，截至 2015 年

[1] 根据联合国网站相关人口数据汇总分析。

[2] 中欧积极探讨应对人口老龄化挑战 [EB/OL]. http://www.chinadevelopment.com.cn/2016/07/1059131.html

[3] 王冰：《社会深层的人口效应与人口老龄化的社会影响》，武汉大学出版社，2006，第 197 页。

底，养老床位数为672.7万张，每千人达30.3张）。除此之外，我国的城乡二元结构没有破除，各种老年人的医疗保障制度不健全，所以，老龄化超前于现代化，我国是在未富先老、未备先老的情况下进入老龄化的。

3. 地区差异大，城乡老龄化倒置

我国的老龄化总体来看起点在2000年，但是由于我国各地区的经济发展起点、自然地理条件等方面的不同，又使得我国老龄化地区差异大。上海在1979年就已进入老龄化，而青海、西藏、宁夏等2010年前后才进入老龄化，地区时间跨度相差30多年；差异大还表现在各地应对老龄化的政策措施、制度体系建设、经济投入、为老年人服务的基础设施的配套不同等。

老龄化理论上应该发生在经济发达的地区和国家，经济发达的地方老龄化程度应该更高，但是由于工业化、现代化、城市化的进程加快，人口流动、生育观转换等原因，使得农村老龄化程度高于城市，出现城乡倒置。农村老年人占比已达14.98%，比全国的13.26%高1.62个百分点。农村老年人的关爱服务、社会保障、社会福利等方面更是值得关注。

4. 高龄化、少子化、空巢化、失能化与慢病化“五化”叠加

与老龄化相伴而生的是我国高龄化日益明显、少子化越来越突出、空巢化加剧、失能化严重，出现了上面四个方面与老龄化“五化”叠加的现象。如前所述，中国高龄人口已近2400万，占所有老年人的11%；由于生育观念的改变、计划生育政策等带来的低龄老人少子化非常明显，现在65岁左右的老年人多数只有2~3个子女；随着城镇化、现代化的发展，人口流动或迁移成为一种司空见惯的现象，农村和城市的老年人都面临着与子女相分离，与子女不在一个地方的老年人逐渐增多，

不少老人与老伴或一人独守空巢。2016 年，城市中有 54% 的老年家庭是空巢，农村空巢老人已接近半数[1]，农村老年人精神慰藉缺失问题突出；2020 年，我国的失能老年人将达到 4200 万；2013 年，中国超过 100 万的老年人至少患有一种慢性非传染性疾病，有不少同时患有多种慢性病，未来这样的绝对数字将持续增加[2]。我国 65 岁以上城市老人慢性病发病率达 85.18%[3]，患有慢性病的老人近 1.5 亿人[4]。可见，中国老龄化与高龄化、少子化、空巢化、失能化与慢病化并发。

5. 老年负担比加重

随着老龄化的加重，我国老年抚养比逐年增高，家庭和全社会的负担相应加重。表 1－4 是中华人民共和国成立以来，我国少儿抚养比和老年抚养比及部分年份老年人口占比变化情况。从表 1－4 中可以看出，前四十年老年抚养比相对平稳；2000 年以后，随着老龄化社会的到来，老年抚养比迅速上升，由此使得家庭和社会养老负担逐步加重。可以预测，我国老年抚养比在未来将会加速上升。

表 1－4　中华人民共和国成立以来抚养比及老年人口占比情况对比[5]

年份	总抚养比	少儿抚养比	老年抚养比	65 岁以上占比	备注
1953	68.6%	61.2%	7.4%		第一次人口普查
1964	79.5%	73.1%	6.5%		第二次人口普查
1982	62.6%	54.6%	8.0%	4.91%	第三次人口普查

[1] 数据来源于全国第六次人口普查。

[2] 根据世界卫生组织图书馆编目数据，《中国老龄化与健康国家评估报告》，2016，第 1 页。

[3] 刘竟芳，陈哲，等：《我国老年人慢性病现状及应对策略》，《中外医疗》，2014 年第 23 期。

[4] 李木元：《我国 2.3 亿老年人口中患慢病老人近 1.5 亿》，《人民政协报》，2017 年 6 月 1 日第 4 版。

[5] 数据来源于国家统计局历年来统计数据。

续表

年份	总抚养比	少儿抚养比	老年抚养比	65 岁以上占比	备注
1990	49.8%	41.5%	8.3%	5.57%	第四次人口普查
2000	42.6%	32.6%	9.9%	6.96%	第五次人口普查
2010	34.2%	22.3%	11.9%	8.87%	第六次人口普查
2011	34.4%	22.1%	12.3%	9.12%	
2012	34.9%	22.2%	12.7%	9.39%	
2013	35.3%	22.1%	13.1%	9.67%	
2014	36.2%	22.5%	13.7%	10.06%	
2015	36.9%	22.6%	14.3%	10.47%	
2016	37.9%	22.9%	15.0%	10.85%	
2017				11.4	根据 2018 年统计公报

三、理想的老龄化社会发展方向

以上讨论充分说明，老龄化是世界各国或早或晚终将面临的现实，老龄化的到来不可避免。因为，由于社会的进步、经济的发展、科学技术的提高、人们的生育观念不断更新，预期寿命延长，人口结构必然发生变化，老年人口比例逐渐增加。21 世纪上半叶，世界上绝大多数国家都将逐渐进入老龄化。如果一个国家或地区老年人口的占比逐步扩大，且超越老龄化的标准，将带来史无前例的经济、社会、文化等问题。所带来的问题是现代化进程中的问题，也是机遇与挑战并存的问题，机遇大于挑战。在老龄化的必然性、中国国情的独特性的条件下，如何发挥老龄化的积极效应？中国老龄化社会该走向何方？什么样的老龄化社会才是理想的老龄化社会？我国未来的老龄化社会是什么样子？这是本人苦苦思索的问题，是研究的一个目标所在，也是本书所做的研究想实现的突破。纵观世界各国老龄化发展的情况，没有统一的标准作为老龄化社会发展和建构的方向，无疑给展望老龄化社会的方向增加了难度。但在实践中，理想的老龄化社会向哪个方向发展，又是无法回避和不得不回答的问题。本人初步的设想是：

从老年人个体或群体来看（从人道主义方面），理想的老龄化社会应该是：代际和谐、老少共融，老年人得到极大的尊重，老年人潜力得到充分发挥，老年人的生活丰富多彩，生活有保障，生命有尊严，养老方式有多元化选择，使得所有老年人共享社会发展的成果（包括物质成果、知识成果和价值成果）。

从整个社会经济发展方面来看（从发展方面），理想的老龄化社会应该是：老龄化与经济社会发展协调、可持续发展，老龄文化和观念得到充分普及和创新，社会养老服务体系和法规政策健全，老年人力资源得到充分运用，老年相关的科技产品得到充分开发和推广，老年服务人才队伍供给充分，老年产业充分发展，城乡公平、均衡、协调发展，老龄化社会平稳运行。

人类社会发展的总方向应该是：从低龄社会走向高龄社会，从年轻、成年型社会走向老龄化、老龄社会。老龄化社会是人们追求美好生活的必然结果，也是人类社会发展的客观规律。问题的关键在于，一个理想的老龄化社会应该能够逐步解决老年人日益增长的需求与不平衡、不充分发展之间的矛盾，建立起敬老、孝爱、养老的社会环境和政策体系，建立不分年龄、平等、共享、和谐、有序的社会，实现医疗卫生、老龄事业和产业可持续、协调发展，实现经济与社会建设协调发展。

第二章　研究综述

老龄化被公认为是全球性社会、经济和人口发展的一个重大战略问题[1]，是人类社会发展无法逾越的阶段，是高级阶段呈现的一种社会现象，它反映人类社会的健康、富裕、文明等层面的进步和人类发展所表现的必然规律[2]。加强对老龄化及问题的研究，以便及时、科学和综合应对老龄化社会遇到的问题，正是本书研究的大背景所在。

具体来说，为什么要研究老龄化问题的应对方法，其背景、意义到底有哪些？国（境）内外有哪些相关研究？本书研究的内容、思路是什么？现就相关的研究梳理总结如下，以便后续对老龄化问题进行学理解析，对老龄化问题采取积极的应对措施。

第一节　研究背景

老年时期是正常的生命个体必须经历的人生阶段，老年群体是人类社会不可或缺的部分，而且是十分重要的一部分。所以，关注老年人问题就是关注自己、关注社会、关注国家和全球的问题。尤其是，随着中国老龄化高峰期的到来，越来越多

[1] 杜鹏：《中国人口老龄化过程研究》，社会科学文献出版社，1994，第1页。
[2] 苏振芳：《人口老龄化与养老模式》，社会科学文献出版社，2014，第1页。

已经进入或即将进入老年阶段的人需要得到更多的关怀和重视❶。从现在到21世纪中叶，我国平均每天大约有2万人进入老龄阶段❷。人口老龄化是一个复杂的问题，它与经济、社会发展息息相关，其影响波及国家的财政、企业的经营以至个人的生活方式，影响复杂而多样❸。

为什么人口年龄结构会从年轻型转变为老年型，根源在于近代由工业革命引发的现代化；科技、医疗进步；生育意愿降低；寿命延长。德国伟大的思想家、《西方的没落》一书的作者斯宾格勒指出："愿意的，命运领着走；不愿意的，命运拖着走。"❹ 老龄化已成为包括中国在内的全球面临的重要课题，从科学与社会的视角研究老龄化问题应对具有很强的现实性和针对性。

一、老龄化问题的全球性

在人类漫长的历史进程中，由于较低的生产力水平，加之贫穷、战乱、疾病等原因，老年人口占比一直保持在3%左右。到了21世纪后半叶，由于经济社会进步，老龄人口增多的现象才比较明显。按日本学者南亮三郎的估计，1万年前，人类平均寿命在30岁左右，到19世纪中叶，欧洲人平均寿命才到40岁❺。如前所述，全球已从2003年整体进入老龄化，2015年全

---

❶ 蒲新微：《走进老年群体：从关怀到关照》，中国社会科学出版社，2014，第7页。

❷ 党俊武：《老龄社会的革命——人类的风险和前景》，人民出版社，2015，第1页。

❸ ［日］日本经济新闻社编：《老龄化社会——无形的革命》，新华出版社，1987，第1页。

❹ ［德］斯宾格勒著，张兰平译：《西方的没落》，陕西师范大学出版社，2008。

❺ ［日］南亮三郎著，张宝译：《人口论史》，中国人民大学出版社，1984，第10页。

球60岁以上人口占比达12.3%，到2030年将提高到16.5%。世界上大多数国家已经进入老龄化社会，发达国家已全部进入老龄社会，老龄化带来的一些问题已波及全球。老龄化作为“无声的革命”，对世界各种社会结构、功能发展产生了广泛又深刻的影响”[1]。习近平在杭州G20峰会指出：“主要经济体先后进入老龄化社会，给各国经济社会带来压力。”[2] 老龄化是多数国家面临的一个突出的、共性的问题，已引起国际社会的广泛关注。“对任何社会都是一项重大挑战”的老龄问题历次被列入世界老龄大会的议题，联合国已通过了《老龄问题国际行动战略》，并把每年10月1日定为国际老人节。老龄化问题及其应对方法已成为全球重要关注的问题。

二、老龄化影响的深刻性

罗辛格指出，人口老龄化的发展程度和预期都超出了以往的观察结果[3]，弄清其影响是十分必要的。老龄化会对经济、社会及老年人自身都带来一定的影响。老龄化对一个个老年人的影响汇集到一起，就形成了社会性的影响。老龄化成为或推动社会进步，或阻碍人类前进步伐的一股洪流。在经济层面，它一定程度上制约着储蓄、消费与投资、劳动力、税收及代际间资源配置等方面；在社会层面，它影响着生活安排、价值认同、住房与人口流动等。能否正确认识老龄化和妥善应对老龄化问题，不仅关系到能否基于人道主义层面满足老年人因衰老

---

[1] 党俊武：《老龄社会的革命——人类的风险和前景》，人民出版社，2015，第2页。

[2] 习近平在二十国集团领导人杭州峰会上的开幕辞［EB/OL］. http://news.xinhuanet.com/world/2016-09/04/c_129268987.htm.

[3] 《人口老龄化可能带来五个好处》，《济南日报》，2014年10月18日，第C04版。

所产生的某些需要，而且关系到政治、社会、经济，乃至国际关系的良性运行。在全球老龄化程度逐渐加深的情况下，应对老龄问题将会更加复杂和紧迫[1]。只有正确认识老龄问题的严重性和复杂性，才能在实践中认真地加以解决[2]。老龄化影响的维度、范围是极其复杂和深刻的，能否正确认识老龄化问题关系到一个国家或地区的发展定位、发展方向和经济社会的可持续发展。

三、当代科技发展的迅猛性

近年来，科技正在以几何级数的速度快速前进，其速度前所未有。从个人电脑到智能手机，到智能穿戴设备，再到人工智能时代，技术在前行，时代在变迁。当今世界，科学技术作为第一生产力，推动了人类文明和社会不断进步。互联网、大数据、智能机器人、基因技术、纳米技术等已成为人们耳熟能详的词语，并且正走进人们的生活，影响着人们的生活、思维乃至社会结构变革，人们正在切身体验到社会的日新月异，感受到各行各业的变革和发展。每过一年，医疗技术将使人均寿命延长一岁将不再遥远[3]。这样的变化和发展，最主要的原因在于当今科技的飞速发展，新技术赋予人们前所未有的能力。进入20世纪以来，世界科技中心转移之快，足以说明科技发展的迅猛性，也足以说明科技发展对经济社会、对世界格局的影响和作用。

在科技发展进步的同时，全球人均寿命普遍延长，人口的

---

[1] 陈世林：《网络时代的老龄问题研究》，硕士论文，江西师范大学，2004年，第11－12页。

[2] 李新民：《关注老龄问题，做好老龄工作》，《宁夏社会科学》，2000年第2期。

[3] ［美］弗朗西斯·福山著，黄立志译：《我们的后人类未来》，广西师范大学出版社，2017，第2页。

迁移、人们的生活方式、人们的生育观念都在发生变化。整体来看，全球出现了两个显著变化的走向，一是人均寿命的普遍延长，出生率、死亡率普遍降低，很自然地呈现人口结构的变化，老年人口占比的全球性提升，老龄化成为世界性关切的问题。与此相对应，新药物的层出不穷、干细胞研究对老年痴呆及中风损伤的利好影响、智能机器人的诞生和运用、现代生物技术对寿命的延长，等等，这些科技时时刻刻在影响着世界人口的数量和社会的变化，影响着世界老龄化的进程和发展。需要指出的是，技术进步导致的人寿命的延长也会对社会的内部结构造成深远的影响[1]。因为，至少可以清晰地看到，寿命的延长对现存的大部分以年龄为特质的等级结构产生的破坏。还可以看到的是，随着寿命的延长，让老龄人为年轻一代让位将会是一个巨大的挑战。中国的改革开放，为科技经济腾飞打开了通途，也很自然地使中国进入了老龄化社会之列。在科技发展加速化、科技经济发展一体化的今天，面对老龄化，怎样思考和定位老龄化问题？老龄化问题如何有效应对？老龄化社会如何实现可持续发展？科技发展的迅猛性是老龄化问题发生及应对的重要现实背景。

四、老龄化问题应对的复杂性

老龄化问题本身是一个复杂的系统，其问题的应对又是一个复杂的体系，这个体系至少包括经济社会发展、养老服务、健康保障、人才培养、科技进步、社会参与等多方面，老龄化问题的应对是很复杂的。老龄化发生的原因也是复杂的，涉及

[1] ［美］弗朗西斯·福山著，黄立志译：《我们的后人类未来》，广西师范大学出版社，2017，第65页。

社会、经济、政治、科技等多重因素的相互作用[1]。老龄化问题是复杂的、系统的，也是多方面的、持久的。老龄化问题的应对从大的视角来看至少有几个方面，一是参与主体的多元性，老龄化问题需要多元主体共同参与，以化解或降低其带来的多方面的影响，这方面的任务是非常艰巨的；二是老龄化应对策略体系的复杂性，其架构至少包括文化观念、政策、科技、人才等多个方面的系统要素。仅就信息科技方面来看，信息科技发展与老龄化问题具有一定的同步性，这就赋予了以信息科技优化产业结构和转型升级的时代性的任务。衍生出大力发展“互联网+养老产业”，整合老龄产业，促进为老服务产业链的发展和延伸，激发经济发展和增长的新动力和新基点等复杂性问题。由于老龄化问题的应对、相关问题的解决都需要依靠科技创新作支撑，而信息科技的发展又是不断进步的，具有时代性，老龄化问题的应对与信息科技的协调有一定的难度。老龄化问题的应对与信息技术的有效对接是时代的要求，也是充满了荆棘的必由之路，由此凸显了老龄化问题应对的复杂性。

五、中国老龄化问题应对形势的迫切性

中国老龄化呈现出速度快、老龄化超前现代化等一些鲜明的特点。2017年年末，我国60岁以上人口约有24090万人，占总人口的17.3%[2]。当前，中国独生子女户约占全国家庭总数的70%[3]。2013年年底，独居、空巢老人户已超1亿，预计

---

[1] 党俊武：《老龄化社会引论》，华龄出版社，2004，第52页。

[2] 根据国家统计局2018年1月18日发布的最新老年人口统计数据。

[3] 党俊武：《老龄社会的革命——人类的风险和前景》，人民出版社，2015，第12页。

2050年将翻倍[1]。农村留守老人约有5000万，老人村、空心化、荒芜化现象蔓延，关键是巢空变心空。从劳动力来看，2011年我国劳动力达峰值，约有9.4亿，到2050年将降至7.1亿（二孩政策实施会有所变化）。根据联合国发布的数据，中国老龄化社会转为老龄社会在2025年前后实现[2]。我国老龄化形势十分严峻，老龄化衍生出系列问题，如劳动力减少，供养老人负担加重[3]，用于老人的保险、医疗费用增多，照护压力加大，影响扩大再生产等。习近平曾用三个“最”和两个“事关”高度概括了我国老龄化的形势和国情。日益严重的老龄危机不仅威胁到老年人，也威胁到下一代乃至数代人的可持续发展，因为他们将直接或间接地承担越来越重的养老负担[4]。老龄化问题带来了社会保障与老年人美好生活愿望需求的不协调，带来了系列的经济、社会、文化、生态、政治等问题，迫切需要加强对老龄化问题及应对的研究。

鉴于上述国际、国内的时代背景，急切需要引起全社会乃至每个人对老龄化问题的高度重视，因为它不仅事关一个国家或地区的政治、经济社会等各方面的协调发展和未来前行的问题，也事关每个生命个体的今天、明天和未来，“关注今天的老人，就是关爱明天的自己”。这里，从科学与社会的视角对老龄化问题的应对进行了分析，以期能够对老龄化问题有深刻的理解，对老龄化问题的应对做出较之已有的研究更全面、更深入的探讨。本书既是从科学与社会的视角，对全球老龄化问

---

[1] 党俊武：《老龄社会的革命——人类的风险和前景》，人民出版社，2015，第43页。

[2] 田文婷：《中国老龄化挑战，如何才能赢?》，《社会公益》，2012年第5期。

[3] 章克弟：《人口老龄化的挑战和应对》，《厦门科技》，2013年第1期。

[4] 劳动社会保险研究所译：《防止老龄危机》，中国财政经济出版社，1996，第1页。

题的全面慎思，也是对老龄化成因、带来的影响及应对方法和前景展望展开的讨论。

第二节　国内外相关研究综述

从科学与社会的视角来看，老年医学是最早涉足老年问题研究领域的。随着老龄化程度的加深和问题的日渐突出，老龄相关研究开始扩展到社会科学领域，并逐渐丰富起来。国（境）内外关于老龄化问题方面的研究，主要围绕衰老及老龄化理论、老龄化带来的影响、老龄化与科技进步的关系、老龄化的应对措施等方面进行的[1]。这些研究都是从科技发展、经济增长、人口老龄化某个方面或某些关系来探讨的，但都为本书的研究提供了国际背景借鉴和理论经验基础。现就老龄化问题相关的国内外研究综述如下。

一、国外相关研究

纵观国内外经典研究，对老龄化问题的看法不尽相同。一些经典文献从不同视角对老龄化问题的产生、发展及带来的影响等进行过分析和探讨，主要的观点有两大类。有些学者认为，老龄化制约了经济和社会的发展，阻碍了生产力的进步；也有些学者认为，老龄化带来的问题恰恰是经济社会发展的良好机遇，是社会文明进步的标志。

（一）关于衰老和老龄化现象的研究

老龄问题的研究可追溯到2000多年前古人追求的“长生不

---

[1] 韩振秋：《人口老龄化与科技创新关系研究述评与优化》，《自然辩证法研究》，2017年第10期。

老”之术。人类对老龄化的研究始于生物学和心理学。一个人的衰老是一个复杂的生命过程。随着近现代科学的发展，科学家们开始从遗传学、生理学等视角研究人类衰老的问题。20世纪20年代，G. 荷尔在《衰老·人生的后半期》中指出，健康与种族、社会结构都有关系，并指出政治、经济和制度因素导致了一些群体的贫困，破坏了健康老龄化。[1] 理查德·A. 波斯纳认为，把衰老看作一个过程是最为有益的，这个过程的因素之一就是身体（包括躯体和精神）的能力在许多方面的无情下降，衰老的其他因素，例如，对环境变化的适应能力、特定职业的工作经验、智力源泉的想象力和知识间的平衡等都与衰老没有直接联系，也不是所有的这些变化都是衰退[2]。科学研究证实，衰老与疾病是多因素作用，是一连串基因激活、阻抑及基因产物相互作用的结果。世界卫生组织总结出健康长寿四基石：合理膳食、适量运动、戒烟限酒、心理平衡[3]。

西方对老龄问题研究起于哲学层面，慢慢转向了科学。在古代，人们对老龄的研究主要集中于医学、伦理学。到了中世纪，老年心理、老年病理方面的研究才逐步增多。随着医疗、科学的发展，到了近代人们开始关注老年人增多的现象，开始了老龄化的研究。1930年，西方学界提出了人口老化（aging）的概念，1940年，老年学（gerontology）这一名称被正式使用。由于当时老年人口的占比较小，研究基本局限在个体老龄化。随着老年人口的增多，并由此带来了一些社会经济问题，人们转向对群体老龄化的重视和研究。特别是，随着1956年《人口

---

[1] G. Stanley Hall. Senescence: the last half of life, 1922 [J]. American Journal of Public Health, 2006 (96): 1160-1162.

[2] 理查德·A. 波斯纳著，周云译：《衰老与年龄》，中国政法大学出版社，2002，第18-19页。

[3] 根据1992年世卫组织《维多利亚宣言》内容整理。

老龄化及其社会经济后果》、1960 年《社会老年学手册——从社会的角度研究老龄化》的出版❶，标志着人类开始关注衰老的社会性，打开了老龄化问题真正研究的大门。其中，群体老龄化与社会政策关系的研究成为老龄问题研究的主体❷。另外，关于老龄化的研究也有一些老龄化现象发生原因方面的探索，索维认为，法国老化的原因不在于死亡率低，而是在于出生率低。按 Bloom 等的观点，老龄化的驱动力量在于：生育率下降导致未来劳动力减少；预期寿命的升高；出生率和死亡率的剧烈变化，由此造成现在发达国家老龄化程度较高❸。

总之，关于衰老和老龄化现象方面的研究从哲学转向了科学领域，前期的研究主要侧重于人类健康长寿及其老龄化社会影响方面，对经济、科技、文化、社会等方面的研究涉及得还不多，对老龄化的解析更是不足。但这些研究为后续老龄化相关理论及其他研究起到了很好的铺垫作用。

（二）老龄化理论方面的研究

老龄化理论研究的演进路径大致是：生产性老龄化→健康老龄化→成功老龄化→积极老龄化。

罗伯特（Butler Robert，1982）为了打破“老年人无用无能”这一迷思，首次提出“生产性老龄化”。在他看来，老龄化和生产率不是截然分开的两个阶段，老年人缺乏生产率是一个虚构的概念，老年人是有生产率的，只是因为疾病和社会不利环境影响了他们的生产率，他提倡消除阻碍老年人角色发挥

---

❶ 李晶：《人口老龄化及其应对之策——全面建成小康社会 积极应对人口老龄化的启示》，《老龄科学研究》，2016 年第 7 期。

❷ 李晶：《人口老龄化及其应对之策——全面建成小康社会 积极应对人口老龄化的启示》，《老龄科学研究》，2016 年第 7 期。

❸ 转引自 D. E. Bloom，D. Canning，and G. Fink，(2011). Implications of Population Aging for Economic Growth，Program on the Global Demography of Aging.

的因素，鼓励老年人参与工作[1]。老年人力资本的生产性参与十分必要，绝非可有可无[2]。

Rowe 和 Kahn 于 1987 年提出成功老龄化[3]，提倡人们保持身心平衡，以延缓衰老，使人们在老年阶段依然健康，可继续为社会做贡献。该理论包括三个条件：疾病和残障的低发生率；维持高度的认知和生理功能；积极参与社会生活[4]。成功老龄化是生产性老龄化的延展。

1990 年的哥本哈根会议上提出了健康老龄化[5]，这种老龄化理论强调老年人的健康有三个维度：生理上的健康、心理上的健康和对社会的适应能力。这种理论为人们考虑老龄化问题时从多个角度应对老龄化问题提供了思路指导。

1997 年西方七国首脑会议上首次提出积极老龄化的概念框架[6]，作为政治宣言，于 2002 年写进了联合国第二届世界老龄大会[7]，突出“健康、参与、保障”三大支柱，强调尊重老年人的选择和权利，强调创造条件让老年人融入社会，强调保障老年人做喜欢做、能做的事，强调用积极的心态来看待老龄化，使老年人从社会的负担转变为社会发展的动力[8]。

---

[1] 刘文，焦佩：《老龄化，并非想象的那么可怕》，《决策探索》，2015 年第 8 期（下）。

[2] 南希·莫罗－豪厄尔：《生产性老龄化：理论与应用视角》，《人口与发展》，2011 年第 6 期。

[3] 许淑莲：《从心理学角度看健康的老龄化》，中国劳动出版社，1995。

[4] 郭金华：《中国老龄化的全球定位和中国老龄化研究的问题与出路》，《学术研究》，2016 年第 2 期。

[5] 王学义：《健康老龄化：人口老龄化的对策》，《西南民族大学学报（哲学社会科学版）》，2002 年第 12 期。

[6] 宋全成，崔瑞宁：《人口高速老龄化的理论应对——从健康老龄化到积极老龄化》，《山东社会科学》，2013 年第 4 期，第 38 页。

[7] 冉嘉诚，李万林：《积极老龄化背景下老年住宅设计要点》，《建筑与文化》，2017 年第 1 期。

[8] 蒋子桓：《积极老龄化理论及政策研究》，硕士论文，西南财经大学，2011 年，第 14 页。

以上理论为如何认识并应对老龄化问题提供了一些理念上的指导，也为各国开展老龄工作提供了思路框架。

（三）关于老龄化问题及其对经济社会影响的研究

老龄化问题研究始于第二次世界大战后，20世纪50年代后研究进入新时期[1]。围绕的重点是老龄化对经济、社会的影响，老龄化对个体生活、发展等方面的影响。索维指出："在现代一切社会现象中，人口老化现象是最无可疑的，最易于衡量的，其后果是最有规律的，最易于事前预测的，又是最有影响的。"[2] 赫斯认为："生活在对待老年人态度积极的环境中的人们，展现了明显较高的记忆力……，消极的社会因素可能会对老年人记忆力产生负面影响"[3]。理查德·A. 波斯纳指出，在美国这样富有的国家里，人们对老龄化的担忧主要有两点：老年人昂贵的医疗费用；老年人会利用政治力量强迫年轻人用生产来满足他们的消费[4]。彼得森（Peterson，1999）研究发现，人口老龄化导致医疗负担、政府财政赤字加重、经济恶化、经济总产出下降、储蓄下降、经济缺乏活力[5]。美国经营学家P. F. 德雷克将老龄化社会的到来称作"无形的革命"[6]，其影

---

[1] 陈世林：《网络时代的老龄问题研究》，硕士论文，江西师范大学，2004年，第11－12页。

[2] ［法］阿尔弗雷德·索维著，查瑞传，林富德，等译：《人口通论》（下），商务印书馆，1982，第55页。

[3] ［美］泰德·C. 费晓闻（Ted C. Fishman）著，吴礼敬，刘娜，肖梦云译：《揭秘老龄化》，机械工业出版社，2011，第275页。

[4] ［美］理查德·A. 波斯纳著，周云译：《衰老与年龄》，中国政法大学出版社，2002，第41页。

[5] Peterson, Peter G. Gray Dawn. (1999). How the Coming Age Wave Will Transform America and the World. New York: Random House, 16.

[6] 毛海虓，黄瑾：《美国面向老龄社会的城市交通对策以及对中国的启示》，《国外城市规划》，2006年第4期，

响波及国家财政、企业经营以至个人的生活方式[1]。从性质上看，关于老龄化对经济社会有积极和消极的影响，分两大类观点。

1. 老龄化的积极影响

米迦勒·D. 洪德指出，人口不断老化的财政意义也不像流行想法认为那样的不祥。老年人的花费增加，但比起人均收入的增加，这种花费的增加并不显著，而且它也会因教育费用的减少（因子女数减少了）而被部分抵消[2]。理查德·A. 波斯纳认为，在一定程度上老人是富有的，对自己家中的年轻人是无私的，他们会以遗嘱、礼品或其他来自公共事业方面的收入补偿年轻人不得已向老人做出的投入。老人在现代社会的不利地位（也是最主要的）因生产能力的巨大增加而被抵消了，这只有现代的社会和经济才能保证[3]。布玛蒂尔达等（1994）人指出：工业化社会的经济增长为所有年龄的人增加了休闲的机会[4]。随着产出和休闲的增加，老年人可以承担一些年轻人的工作，这样可使年轻人的巨大压力在一定程度上得以缓解（包括大众教育和技术革新）[5]。医学、营养、卫生的进步延长了生命，但也增加了抚养比。带有工业化特点的需要体力、危险性大的工作正在变成轻体力的服务工作，这增加了老人工作的机会。由于老年人比年轻人更稳健（或保守），因而当一个社会

---

[1] ［日］日本经济新闻社：《老龄化社会——无形的革命》，新华出版社，1987，第1页。

[2] Michael D. Hurd. (1994). Comment in Studies in the Economics of Aging (David A. Wise. Eds.), (pp. 33).

[3] ［美］理查德·A. 波斯纳著，周云译：《衰老与年龄》，中国政法大学出版社，2002，第55页。

[4] 刘文，焦佩：《国际视野中的积极老龄化研究》，《中山大学学报（社会科学版）》，2015年第1期。

[5] ［美］理查德·A. 波斯纳著，周云译：《衰老与年龄》，中国政法大学出版社，2002，第263页。

老龄化程度比较高时，当其他变量稳定时，该社会可能就会相对稳定[1]。老年人是政治文化上的一支稳定力量，可能是一种净利益。老年人比年轻人更“现实”一些，更懂得人的局限性，因而从智慧和才华相比的角度来看，就更“明智”一些[2]。亚里士多德广泛赞同一个观念，“世界上没有有实践智慧的年轻男子”[3]。Fougère & Mérette 发现，老龄化提高了人力资本积累激励，使父母更有可能增加对子女的教育投资，老龄化对经济增长有长期正向的效应[4]。

2. 老龄化的消极影响

保罗·帕伊亚认为，“在经济方面，老龄化至少在两个领域里会产生影响，即生产和开支”[5]。但是，他同时认为这些方面的影响对农牧社会和工业社会是不同的。David E. Wildasin (1991）认为，老龄化加重了社保、医保的负担，进而加重了就业人口的税收负担[6]。戴维·L. 德克尔指出，在美国，老年人花掉了美国健康资金的 25%[7]。戴维德（David Hauner, 2007）认为：人口老龄化压力对非老年人口的支出需要很长时

---

[1] ［美］理查德·A. 波斯纳著，周云译：《衰老与年龄》，中国政法大学出版社，2002，第 262 页。

[2] Paul B Baltes，Jacqui Smith，Ursula M Staudinger. Wisdom and Successful Aging [J]. Nebraska Symposium on Motivation，1992（39）：134－139.

[3] 彭剑鸣：《党外代表人士法律意识的提升路径》，《贵州社会主义学院学报》，2016 年第 2 期。

[4] Fougère M，M Mérette. Population Ageing and Economic Growth in Seven OECD Countries [J]. Economic Modelling，1999（16）：411－427.

[5] ［法］保罗·帕伊亚著，杨爱芬译：《老龄化和老年人》，商务印书馆，1999，第 48 页。

[6] David E Wildasin. The Marginal Cost of Public Funds With an Aging Population [J]. Journal of Population Economics，1991（4）：111－135.

[7] ［美］戴维·L. 德克尔著，沈健译：《老年社会学——老年发展进程概论》，天津人民出版社，1986，第 72 页。

期的调整才能达到维持财政可持续发展的目标[1]。雷柏佛瑞兹等（2007）人认为，人口老龄化会导致劳动投入增长减速，社会总产出下降[2]。皮弗和勃朗特（Pifer & Bronte）认为，人口老龄化未来产生的冲击将不亚于全球化、城市化、工业化等人类历史上任何一次巨大的经济与社会革命[3]。一项国际研究考察来自比利时、哥斯达黎加、以色列、日本、中国香港特别行政区、韩国各地的大学生对待老年人的态度发现：老人们和蔼可亲、缺乏野心并且能力低下；年轻人普遍认为老年人地位低下，思想刻板；很多人支持主张老年人有义务靠边站、为年轻人做出牺牲[4]，减少资源占用。人口老龄化带来了一些负效应：更多的借贷和税种、更高的利率、较少的储蓄、较低的生产和工资增长率[5]。老龄化浪潮对政府造成了巨大的压力。Borsch - Supan 认为，老龄化会导致劳动力供给缩减，不利于长期的经济增长。Ludwig，Schelkle & Vogel 认为，在完全竞争经济中，老龄化会导致工资上涨，加剧代际福利分配不公[6]。Gonzalez - Eira 和 Niepelt 认为，老龄化通过储蓄率、劳动力供给等直接效应以及政府支出结构和退休年龄等间接效应影响经济增长[7]。索维认为，人口老龄化将制约劳动生产率的提高，因为老年人

[1] David Hauner. Aging: Some Pleasant Fiscal Arithmetic [J]. International Atlantic Ecnomin Society, 2007 (13): 347 - 364.

[2] Willi Leibfritz, Werner Roeger. The Effects of Aging on Labor Markets and Economic Growth. Journal of Population Economics, 2007 (12): 34 - 63.

[3] 李超：《中国老龄产业发展研究》，中国人民大学出版社，2015，第 1 页。

[4] Daniel Callahan. Setting Limits: Medical Goals in an Aging Society [J]. Bioethics, 1988 (2): 151 - 169.

[5] ［美］彼得森（P. G. Peterson）著，韩建军译：《世界人口老龄化》，《国外社会科学文摘》，1991 年第 11 期。

[6] 梁红梅，李磊：《国外人口老龄化对经济增长影响研究文献综述》，《中国经贸导刊》，2014 年第 2 期。

[7] Martin Gonzalez - Eiras, Dirk Niepelt. Ageing, government budgets, retirement, and growth [J]. European Economic Review, 2012 (56): 97 - 115.

的创造力不如年轻人❶。

以上研究主要从经济视角展开，无论是积极方面的，还是消极方面的，这些研究都是十分客观的，这也说明老龄化的影响之重大，已引起全球学术界的广泛关注，这些研究为当代各国应对老龄化问题提供了很好的分析思路。

（四）关于老龄化对科技进步、技术创新影响的研究

关于老龄化对科技进步、技术创新方面影响的研究主要有两个方面：一是老龄化对科技进步和技术创新影响持积极观点；二是老龄化对科技进步和技术创新影响持消极观点。

1. 积极的观点

老龄化作为一种社会现象，只是意味着年龄结构的变化，老龄化对科技进步、技术创新没有影响或影响不大。世界并没有因为老龄化而影响科技进步和技术创新的老龄化国家不胜枚举。Simon 在 1980 年提出，每个人（包括老年人）都在生活中贡献了自己的创造力。Skirbek 指出，高龄员工在经验、语言技能型侧重方面的工作效率比年轻人更高❷。Marquié 等人指出，高龄员工可能有低估自己在计算机方面能力的倾向，但却不会低估自己的总体能力。Froscb 等人发现，高龄员工与年轻员工都对专利数目有正向影响❸。Lee R 等人指出，因老龄化带来的劳动力下降和缺乏，而转向高技能的劳动力需求增加有可能对

---

❶ ［法］阿尔弗雷德·索维：《人口与环境，控制人口与发展经济》，北京大学出版社，1985，第 271－272 页。

❷ 韩振秋：《人口老龄化与科技创新关系研究述评与优化》，《自然辩证法研究》，2017 年第 10 期。

❸ 韩振秋：《人口老龄化与科技创新关系研究述评与优化》，《自然辩证法研究》，2017 年第 10 期。

最终的经济增长产生积极影响❶。

2. 消极的观点

Skirbek 认为，加速的技术进步使工作经验的重要性边缘化❷。这意味着老年人在技术学习和运用方面处于劣势❸。Lehman 通过研究过世的和健在的发明家发现，35～39 岁是他们的生产力顶峰❹。这些数据说明，年轻人、中年人最具有创新能力。Prskawetz 和 Fen 等人发现，中老年人口比例高的国家采用前沿技术的比例反而低❺。关泽英彦认为，随着产业结构不断向信息化、高科技化方向发展，如果不能成为跟得上这种技术革新的人，即使制度允许留在企业里，你也不能胜任❻。这都表明，老年人在科技进步、技术创新、新技术运用方面都不如年轻人，在促进生产量增加方面常常带来负面影响❼。

老龄化对技术进步、科技创新关系的研究表明，它们之间息息相关、不可忽视，需要以战略的眼光和思维对两者之间的关系加以重视。

（五）关于老龄化问题应对方面的研究

老年学研究群体最大拥有者当属美国，美国主导了老龄化

---

❶ Lee R, Mason A. Fertility, Human Capital, and Economic Growth over the Demographic Transition [J]. European Journal of Population, 2010 (26): 159－182.

❷ 梁红梅，李磊：《国外人口老龄化对经济增长影响研究文献综述》，《中国经贸导刊》，2014 年第 2 期。

❸ 韩振秋：《人口老龄化与科技创新关系研究述评与优化》，《自然辩证法研究》，2017 年第 10 期。

❹ Lehman H C. The Most Creative Years of Engineers and Other Technologists [J]. The Journal of Genetic Psychology, 1966 (108): 263－277.

❺ 姚东旻，李三希，林思思：《老龄化会影响科技创新吗——基于年龄结构与创新能力的文献分析》，《技术与创新管理》，2015 年第 8 期。

❻ [日] 上野千鹤子著，公克，晓华译：《高龄化社会——四十岁开始探讨老年》，辽宁大学出版社，1991，第 48 页。

❼ 韩振秋：《人口老龄化与科技创新关系研究述评与优化》，《自然辩证法研究》，2017 年第 10 期。

研究范式。美国前总统肯尼迪曾说："对一个伟大的国家来说，仅仅给生命以岁月是不够的，我们的目标还应给岁月以生命。"❶ 当前，国外老龄化问题应对研究，主要围绕政策设计、政府家庭社会责任、意识理念构建、社会环境支持等方面。

N. N. 麦奇科夫认为，延长老年人有价值的经济和社会积极性是协调经济与人口发展的根本办法。Bass、Caro 和 Chen 首次提出生产性老龄化的概念，他们认为，优化政策、法律和规章是实现老年人更多参与生产活动的最佳途径❷。应对老龄化挑战的基本战略有：延长工作年限；通过移民扩大劳动力；鼓励生育并在教育和劳动率方面加大投资；强化代际责任纽带；提高政府养老金，鼓励自我为退休储蓄❸。老年社会正在到来，我们必须建立新思维和新机构，以便有助于我们在面对一个更老龄化的世界时有所准备❹。

总之，关于老龄化问题的应对很多国家已有一些可贵的探索，这为当今中国在老龄化相关政策设计、责任建立、意识理念构建、社会环境支持、科技应对等方面提供了有益的借鉴。

二、国内相关研究

随着我国老龄化的发展，国内学界越来越多的人进入老龄化相关问题的研究中。研究的基本情况如下。

（一）关于衰老和老龄化现象的研究

童坦君、张宗玉从宏观和微观两个方面对衰老和老年病成

---

❶ ［美］詹姆斯·舒尔茨：《老年积极性》，华夏出版社，1990，第 89 页。

❷ 南希·莫罗-豪厄尔：《生产性老龄化：理论与应用视角》，《人口与发展》，2011 年 第 6 期。

❸ ［美］彼得森（P. G. Peterson）著，韩建军译：《世界人口老龄化》，《国外社会科学文摘》，1991 年第 11 期。

❹ ［美］彼得森（P. G. Peterson）著，韩建军译：《世界人口老龄化》，《国外社会科学文摘》，1991 年第 11 期。

因和延缓进行了研究。他们认为，衰老与老年病是多种因素作用的结果，一连串基因决定了衰老、疾病与健康长寿[1]。曾尔亢、杨蕊敏、王红等人认为，衰老科学研究是一项复杂的系统工程，涉及多学科领域[2]。曾尔亢、孙煜昊等人研究发现，即使是“健康”的老年人，实际上也可能存在潜在的功能不全或处于“亚健康状态”，或患有不同程度不易早期发现的疾病[3]。俞卓伟、李瑾等人指出，抗衰老必须与保健结合才能事半功倍、相得益彰[4]。葛亮、王桦等人研究认为，运用针对性的预防和保健措施，让更多的长寿基因表达，可有效地预防衰老和疾病治疗[5]。中国衰老与抗衰老科学委员会认为，抗衰老是实现健康老龄化的重要对策[6]。

邬沧萍、王琳等人认为，我国老龄化有人数多、速度快、未富先老和地区差别大等特点[7]。邬沧萍、谢楠指出，中国老龄化进程的特殊性在于：加速老龄化是自觉的历史选择。[8] 穆光宗指出：当前我们面临着全新的人口形势和严峻的人口危

---

[1] 童坦君，张宗玉：《医学老年学——衰老与长寿》，人民卫生出版社，1995，第1－19页。

[2] 曾尔亢，杨蕊敏，王红，等：《衰老机制研究的新时代》，《中国社会医学杂志》，2006年第2期。

[3] 曾尔亢，孙煜昊，等：《我国人口老龄化与衰老科学》，《中国社会医学杂志》，2012年第6期。

[4] 俞卓伟，李瑾，等：《保健策略与衰老/脑衰老干预——某些中国文化元素在干预中的作用》，《中国老年学杂志》，2014年第8期。

[5] 葛亮，王桦，等：《衰老相关基因研究进展》，《中国老年学杂志》，2014年第11期。

[6] 中国老年学学会衰老与抗衰老科学委员会：《中国衰老与抗衰老专家共识（2013）》，《中国中西医结合杂志》，2014年第2期。

[7] 邬沧萍，王琳，苗瑞凤：《中国特色的人口老龄化过程、前景和对策》，《人口研究》，2004年第1期。

[8] 邬沧萍，谢楠：《关于中国人口老龄化的理论思考》，《北京社会科学》，2011年第1期。

机[1]。田雪原、王金营、周广庆等人指出，谈世界人口问题，只要是稍稍了解一些情况的人，都不会不谈及老年人。人口年龄结构老化，其影响深度和广度，将随着老龄化的加深逐步显现出来[2]。党俊武认为，中国老龄社会难题丛生，需重塑发展、迈向理想[3]。蒲新微指出，21世纪，中国将不可避免地由“老龄化社会”迈入“老龄社会”。对传统社会与现代社会老年人的生存方式进行继承性研究具有重要的意义[4]。李超认为，中国人口老龄化发展有“老年人口总量庞大”“老年人口内部代际更替明显”等八个现状，并在分析老年人需求的基础上对老年产业进行了分类，提出了产业开发的相关策略[5]。李洪心指出，老龄化对消费和产业结构有影响，提出了建设性意见[6]。韩鹏探讨了我国老年人口规模、现状、趋势，以及机遇与挑战[7]。叶敬忠、吴慧芳等人分析了农村留守老人的状况及养老困境[8]，等等。

国内关于衰老和老龄化现象的研究正在深入，已有研究主要关注的是中国老龄化的特点、现状以及初步的影响层面。针对老龄化是什么、如何化弊为利、如何积极应对等方面的研究

---

[1] 穆光宗：《人口优化理论初探》，《北京大学学报（哲学社会科学版）》，2012年第5期。

[2] 田雪原，王金营，周广庆：《老龄化从“人口盈利”到“人口亏损”》，中国经济出版社，2006，第15页。

[3] 党俊武：《老龄社会的革命——人类的风险和前景》，人民出版社，2015，第29页。

[4] 蒲新微：《走进老年群体》，中国社会科学出版社，2014，第3页。

[5] 李超：《中国老龄产业发展研究》，中国人民大学出版社，2015，第17-21页。

[6] 李洪心：《人口老龄化与现代服务业发展关系研究》，北京师范大学出版社，2012，第1页。

[7] 韩鹏：《新时期我国人口老龄化问题——基于人口规模结构变化趋势及对经济社会发展影响的研究》，经济管理出版社，2015，第39页。

[8] 叶敬忠，吴慧芳，孟祥丹：《中国农村留守人口：反思发展主义的视角》，社会科学文献出版社，2015，第213页。

还不够系统和深入，但其相关问题的分析和研究为本书的研究做好了铺垫。

（二）老龄化理论的研究

国内围绕老龄化理论方面的研究总的看来还是比较少，但这方面的研究近年来有些突破。穆光宗提出“和谐老龄化”理论，核心要义是：老年人在不损害他人和社会利益的前提下行使权利或增进自身福利。“和谐老龄化”要促进家庭关系、社会关系、人际关系、天人关系的和谐以及社会的总体和谐[1]。穆光宗还论述了以家庭、人口协调、社会和谐几个方面的发展为导向的人口优化理论[2]。邬沧萍提出了“发展、和谐、共享[3]”的老龄化应对思想。发展是社会发展，尤其是经济发展；和谐是社会和谐，家庭和谐与互助；共享指的是社会发展成果由人民共享，共享的原则倾斜于老年人，蕴含代际的根本利益一致性。党俊武在《老龄社会的革命》中提出了“科学老年观”思想，“科学老年观”是要在科学的年龄观基础上，建构科学的少年观、青年观和老年观，其核心在于年龄平等观念，在此前提下，科学的老年观就是在生命历程的视野下正确对待老年人不同于其他年龄群体的特殊性[4]。

以上研究表明，国内关于老龄化理论研究方面的明显不足，一是说明理论创新难度大，突破难；二是说明已有的理论还有足够大的影响力及作用，依然具有强大的生命力，需要认真对待和学习借鉴。

---

[1] 穆光宗：《论“和谐老龄化”》，《光明日报》，2007年4月3日，第11版。

[2] 穆光宗：《人口优化理论初探》，《北京大学学报（哲学社会科学版）》，2012年第5期。

[3] 邬沧萍：《积极应对人口老龄化理论诠释》，《老龄科学研究》，2013年第1期。

[4] 党俊武：《老龄社会的革命——人类的风险和前景》，人民出版社，2015，第54页。

（三）关于老龄化问题及其对经济社会影响的研究

穆光宗认为，中国在未富先老、未备先老和孤独终老背景下发生老龄化，出现少子老龄化和病苦老龄化，这给社会发展带来了巨大的挑战❶。他将老龄化问题归结为：宏观层，经济压力和社会活力问题；通观层，广义的生活照料问题；微观层，如何使老年人过上有欢乐、有创造、有价值的生活的问题❷，这属于老年发展问题。党俊武认为，思考老龄问题就是思考人本身的问题❸。李宏塔指出，老龄问题带来的影响广泛而深刻❹。周广庆指出，老龄化最大的社会问题是养老问题❺。郭玉贵指出：在全球化的知识经济时代，是否拥有多元的人口构成，直接影响一个国家在全球的竞争力❻。消极影响包括三个方面，一是劳动力人口的平均年龄增加，影响其创新能力；二是社会的经济供养负担加重；三是医疗卫生保障方面负担加重❼。综合来看，老龄化对经济社会的影响有两类观点，即积极观点和消极观点。

1. 积极的观点

党俊武认为，人口老龄化对于我国发展第三产业的机遇大于挑战。只要采取准确的战略安排，在农业现代化和新型工业

---

❶ 穆光宗：《成功老龄化：中国老龄治理的战略构想》，《国家行政学院学报》，2015 年第 3 期。

❷ 穆光宗：《老年发展论》，《人口研究》，2002 年第 6 期。

❸ 党俊武：《关于我国应对人口老龄化理论基础的探讨》，《人口研究》，2012 年第 3 期。

❹ 李宏塔：《积极应对人口老龄化》，《人民日报》，2013 年 1 月 16 日，第 20 版。

❺ 周广庆：《人口老龄化对社会发展和社会建设的影响》，浙江大学出版社，2013，第 2 页。

❻ 郭玉贵：《老龄化：全球共同面对的危机与挑战》，《社会治理》，2017 年第 1 期。

❼ 钱凯：《我国人口老龄化问题研究的观点综述》，《经济研究参考》，2010 年第 70 期。

化快速发展的基础上，第三产业将成为21世纪中国经济发展的重要动力源泉。中国老龄产业是成长型综合性产业，发展前景无可限量[1]。韩鹏认为，我国“银发”产业面临着广阔的前景和机遇。因为，“银发”产业很可能成为经济发展的重要支撑点，经济发展方式的转变也为产业发展提供了难得的历史机遇[2]。李超认为，随着老年人经济实力逐渐增强，消费观念不断更新，企业对市场把控日益精准，产学研紧密结合，我国老龄产业前景广阔，“钱”途无量[3]。张燕认为，积极应对老龄化，老龄化会产生巨大的服务老年人的就业需求，提升第三产业的国民经济比重[4]。陈彦斌指出，老龄化的影响是非灾难性的，是温和的[5]。

2. 消极的观点

李洪心认为，老龄化在某些行业会造成生产效率的下降，从而影响经济发展。[6] 王智慧认为，老龄化为经济和社会的发展带来了一些新的矛盾和压力，对中国社会的公平正义提出了新的挑战[7]。赵兴利认为，未来为庞大的老龄人口提供养老、医疗、照料等服务将是政府需要着力解决的一大难题[8]。张晓丽指出，老龄化会造成年轻劳动力供给不足、老年人的供养成

---

[1] 党俊武：《老龄社会的革命——人类的风险和前景》，人民出版社，2015，第241－242页。

[2] 韩鹏：《新时期我国人口老龄化问题——基于人口规模结构变化趋势及对经济社会发展影响的研究》，经济管理出版社，2015，第110页。

[3] 李超：《中国老龄产业发展研究》，中国人民大学出版社，2015，第36页。

[4] 张燕：《我国人口老龄化的挑战与机遇》，《经济研究参考》，2016年第56期。

[5] 陈彦斌：《人口老龄化对中国宏观经济的影响》，科学出版社，2014，第2页。

[6] 李洪心：《人口老龄化与现代服务业发展关系研究》，北京师范大学出版社，2012，第28－29页。

[7] 王智慧：《中国老龄化问题研究》，硕士论文，河南理工大学，2014年，第1页。

[8] 赵兴利：《论我国人口老龄化问题的应对办法》，《环渤海经济瞭望》，2012年第9期。

本增加，对经济发展速度造成影响[1]。姜丽萍认为，老龄化速度加快会严重影响扩大再生产[2]。刘畅认为，老龄化使未成年人口和老年人口都成为单纯的消费人口，由此导致居民储蓄率下降[3]。任季萍指出，老龄化在养老、医疗等方面提出了挑战[4]。胡玉坤认为，老龄化带来了更多的公共卫生问题，慢性病老年患者增多，健康风险加剧[5]。

总之，老龄化对中国经济社会的影响是深远的、持续的、长久的，影响主要表现在劳动力、产业发展、社会保障、医疗等方面，对老年人个体和群体影响的层面也是不同的，这些研究对本书进一步解析老龄化问题十分有益。

（四）关于老龄化对科技进步、技术创新的影响研究

国内关于老龄化与科技进步、技术创新的影响研究主要有两个方面：一是老龄化对科技进步和技术创新的影响持积极观点；二是老龄化对科技进步和技术创新的影响持消极观点。

1. 积极的观点

李三希、姚东旻研究发现，老龄化对中国的创新没有显著影响[6]。杨杰、罗云指出，老龄化并没有影响中国的技术创新进程[7]。蔡昉认为，老龄化将诱发资本从物质转向人力投向，

---

[1] 张晓丽：《浅析人口老龄化对中国经济的影响及对策》，《中国商论》，2017年第6期。

[2] 姜丽萍：《人口老龄化带来的问题及应对策略》，《财经界》，2014年第4期。

[3] 刘畅：《人口老龄化对经济发展的影响研究——以湖北省为例》，博士论文，武汉大学，2013年，第51页。

[4] 任季萍：《人口老龄化问题：挑战及其应对》，《理论探索》，2009年第1期。

[5] 胡玉坤：《应对老龄化：中国如何抉择》，《中国经济报告》，2017年第2期。

[6] 李三希，姚东旻：《人口老龄化会影响创新吗》，《中国创造力报告（2012—2013）——驱动中国梦》，社会科学文献出版社，2013，第112页。

[7] 杨杰，罗云：《中国人口老龄化、技术创新与经济增长的动态影响分析》，《科技与经济》，2015年第3期。

潜在地促进生产率的提高[1]。袁传攀、湛文倩指出，老龄化可能会促使企业积极创新，以适应老龄化社会。[2] 年龄结构的老化“倒逼”企业提升自己的技术水平[3]。姚雪松、王志勇研究发现，人口老龄化增长 0.041%，伴随着技术进步增长 1%[4]。田雪原指出，人口老龄化与科技进步、经济社会发展都是同时推进的[5]。胡伟略认为，技术进步与人口素质相互促进[6]。周广庆研究发现，从总的情况看，老龄化对科技进步的促进作用和正面影响大于阻碍作用和负面影响[7]。

2. 消极的观点

姚东旻、李三希等人指出，老龄化势必影响全社会的科技总产出。人口老化对“智力库”有反作用。老年人对技术革新，发明创造的兴趣及能力、创新精神等都远不及年轻人[8]。闫钟认为，老年人知识结构陈旧、创新能力不足，中青年时期是一个人创造发明的最佳时期，老年人在科技进步面前更显得步履蹒跚[9]。康建英认为，老年劳动力对技术的追赶效应不

[1] 蔡昉：《人口转变、人口红利与经济增长可持续性——兼论充分就业如何促进经济增长》，《人口研究》，2004 年第 2 期。

[2] 袁传攀，湛文倩：《人口老龄化对企业发展的影响》，《经营与管理》，2011 年第 6 期。

[3] 汪 伟，姜振茂：《人口老龄化对技术进步的影响研究综述》，《中国人口科学》，2016 年第 3 期。

[4] 姚雪松，王志勇：《经济发展、技术进步对人口老龄化的影响》，《经济问题》，2014 年 5 期。

[5] 田雪原，王金营，周广庆：《老龄化从“人口盈利”到“人口亏损”》，中国经济出版社，2006，第 256 页。

[6] 胡伟略：《人口社会学》，中国社会科学出版社，2002，第 30 页。

[7] 周广庆：《人口老龄化对社会发展和社会建设的影响》，浙江大学出版社，2013，第 144 页。

[8] 姚东旻，李三希，林思思：《老龄化会影响科技创新吗——基于年龄结构与创新能力的文献分析》，《管理评论》，2015 年第 8 期。

[9] 闫钟：《人口老龄化与科技进步》，《山西科技》，2000 年第 4 期。

足[1]。向志强认为，高龄员工很难跟上技术进步的速度[2]。武元晋和徐勤认为，劳动力老化不利于新技术革命，心理上保守和创新能力下降也不利于生产技术的创新[3]。陈彦斌等人研究发现，现阶段老龄化对创新影响不显著，随着产业结构的调整以及科技向世界技术前沿的推进，老龄化对我国创新的影响将会不容忽视[4]。

以上研究表明，老龄化对我国的科技创新和技术进步的影响已经初步显现，学术界对老龄化与科技创新有生产效应已成为共识，问题的关键是如何在老龄化的当今，最大限度地利用科技创新和技术进步应对老龄化衍生的系列问题，这已经成为时代的呼唤。

（五）关于老龄化问题的应对研究

围绕老龄化带来的各方面问题及其影响，国内有很多学者在老龄化问题的应对方面有一些很好的思路和建议。穆光宗指出，优良的人口关系是维系老龄化社会的稳定条件，年轻人口供给超过老年人口需求是理想的安全格局[5]。他还指出，“成功老龄化”的对策包括：一是“安养”；二是“乐活”；三是“善终”[6]。穆光宗、张团指出，老龄化应对需要统筹治理[7]。邬沧萍指出，应对老龄化既要“抢险”（针对陷于绝对贫困的老年

---

[1] 康建英：《我国人口年龄结构变化对综合要素生产率和技术进步的影响》，《科技管理研究》，2010 年第 3 期。

[2] 向志强：《人力资本生命周期与教育需求》，《经济评论》，2003 年第 2 期。

[3] 姜向群：《对人口老龄化社会经济影响问题研究的回顾与分析》，《南京人口管理干部学院学报》，2001 年第 2 期。

[4] 陈彦斌：《人口老龄化对中国宏观经济的影响》，科学出版社，2014，第 82 页。

[5] 穆光宗：《大国人口观之重建》，《学习时报》，2012 年 5 月 28 日，第 4 版。

[6] 穆光宗：《成功老龄化：中国老龄治理的战略构想》，《国家行政学院学报》，2015 年第 3 期。

[7] 穆光宗，张团：《我国人口老龄化的发展趋势及其战略应对》，《华中师范大学学报（人文社会科学版）》，2011 年第 5 期。

人），更要“防洪”（针对进入老年风险大的人），实施有保障的、安全的老龄化[1]。邬沧萍、王琳等人指出，老龄政策应与经济社会发展水平相协调。在未富先老的条件下，老年人提高生活质量必须政府主导、社会参与、群众支持[2]。邬沧萍、谢楠指出，中国应对老龄化有后发优势[3]。全社会应全力以赴、积极主动地应对老龄化[4]。杨庆芳、邬沧萍指出，老年教育的重点逐步发展为大众教育；把老年教育重点放在社区教育上[5]。樊儒经提出，应倡导“共享、创新和可持续”理念，做到可持续发展[6]。胡玉坤提出，国家应为负责长期照料老人的照料者提供物质、心理和技能等方面的支持和帮助，要增强家庭和社区层面的支持体系[7]。郭玉贵提出，借鉴美国多年来的经验，积极引入海外移民，以构建多元化人口结构[8]。陈向利提出，加强老年教育是老龄化应对的一个重要环节[9]。杨华指出，中国应当努力创造条件，关注并保障老年人社会参与的实现，使

[1] 邬沧萍：《老龄化这四“狼”来了，党政主导加强应对是当务之急》，《人口研究》，2005 年第 2 期。

[2] 邬沧萍，王琳，苗瑞凤：《中国特色的人口老龄化过程、前景和对策》，《人口研究》，2014 年第 1 期。

[3] 邬沧萍，谢楠：《关于中国人口老龄化的理论思考》，《北京社会科学》，2011 年第 1 期。

[4] 邬沧萍，谢楠：《关于中国人口老龄化的理论思考》，《北京社会科学》，2011 年第 1 期。

[5] 杨庆芳，邬沧萍：《老年教育是中国积极应对人口老龄化不可或缺的》，《兰州学刊》，2014 年第 1 期。

[6] 樊儒经：《中国老龄化应对策略探究》，《中国社会报》，2017 年 2 月 4 日，第 2 版。

[7] 胡玉坤：《应对老龄化：中国如何抉择》，《中国经济报告》，2017 年第 2 期，第 45 页。

[8] 郭玉贵：《老龄化：全球共同面对的危机与挑战》，《社会治理》，2017 年第 1 期。

[9] 陈向利：《老年教育：应对人口老龄化的重要环节》，《中国人口报》，2007 年 3 月 19 日，第 3 版。

其成为国家社会稳定发展的积极因素[1]。郅玉玲提出采用老年家政服务、医疗保健服务、老年教育服务等五个体系建设社区养老，应对老龄化问题[2]。

关于老龄化问题应对研究方面的指向就是：老龄化到来并不可怕，老龄化问题需要及时、科学、综合地应对，应对需要结合科技发展水平，基于国情和现代化进程的实际，并与伟大中国梦的进程相结合来推进。

总之，上述国（境）内外研究情况虽然是零散的、琐碎的，但也都是很可贵的探讨。纵观国（境）内外研究来看，大多数学者在人口老龄化现状、特点、问题等方面进行的阐述较多，但对于老龄化问题缺乏深度解析，对老龄化应对缺乏系统研究。人口老龄化是不可逆转的，但是只要科学地对待老龄化问题，注重降低老龄化带来问题的负面效应，发挥其积极效应，大力发展经济，提高科技水平和创新能力，加强人才队伍建设，完全可以有效应对。老龄化社会是建立在科技发展基础之上的现代文明发展的必然产物，老龄化问题的根本解决在于科技进步[3]，在于经济社会发展和全面进步。

第三节　研究结构、意义、理论基础及可能的创新点

老龄化问题产生的原因有哪些？如何科学地解析老龄化问

---

[1] 杨华：《历史哲学视域下的人口老龄化及其应对——以浙江农村为例》，博士论文，浙江大学，2013 年，第 56 页

[2] 郅玉玲：《和谐社会语境下的老龄问题研究》，浙江大学出版社，2011，第 32 页。

[3] 韩振秋：《人口老龄化与科技创新关系研究述评与优化》，《自然辩证法研究》，2017 年第 10 期。

题？老龄化与现代化有怎样的关联性？老龄化带来了哪些问题？如何从科技进步的视角应对？未来老龄化社会发展前景怎样？等等，这些问题已经成为全党、全社会关注的重大热点、难点问题，也正是本书研究内容的主体结构所在。

一、研究内容、难点和研究思路、方法

本研究的内容、难点及思路、方法归纳如下：

（一）研究内容、难点

本书从科学与社会的视角，抓住经济社会发展、科技进步这条主线及其互动性，并以科技发展、经济社会协调发展与进步为落脚点，分析和研究了应对老龄化的方法和措施。

本研究的难点表现在：首先，资料庞杂，数据整理分析量大。目前，从科学、哲学、社会、文化的视角解析老龄化问题，从科技进步的视角来分析和研究老龄化问题的参考性资料不多，缺少一些有针对性的资料，特别是国外的相关数据难以查证。其次，学科、理论多重。老龄化问题涉及的学科和理论多样，包括人口学、哲学、社会学、经济学、管理学等学科内容，涉及可持续发展、积极老龄化等方面的理论。编者对这些学科和理论在理解、运用和把握上存在一定的难度。再次，对于老龄化问题而言，成因复杂、问题呈动态变化，地区、国家之间存在较大的差异性，要做到研究有针对性和前瞻性，还要结合国家未来“三步走”的战略，体现时代性和创新性，达到这些方面的要求实属不易。

（二）研究思路和方法

1. 研究思路

研究相关问题应先予界定，从老龄化问题的成因出发，然

后分析老龄化问题及带来的正负效应，从学理上解析老龄化问题，借鉴国内应对外老龄化问题的先进经验，以科技应对为导向构建老龄化应对的指导范式及框架。整体的思路是：老龄化问题是经济社会发展、科技进步之果，老龄化问题应对的最根本、最重要的依靠还是经济社会发展和科技进步。

2. 研究方法

（1）文献资料方法。从相关的文献资料中搜集老龄化问题的素材，经过分析、抽象，提取其精华，发现其相关思想、规律，力求在国（境）内外现有研究的基础上，为老龄化问题应对提供丰富的理论资源。

（2）定性与定量相结合的方法。充分运用权威的统计数据、统计材料、统计图表，对老龄化相关问题进行深入分析，找出规律性，以定量和定性研究为基础，两者相互促进，有机结合。以此，深度解析老龄化问题及其影响，构建老龄化问题应对策略。

（3）比较分析法。对一些相关的数据、图表以及国际、国内老龄化的趋势和特点、老龄化的国情、老龄化的发展历程、老龄化问题应对实践的典型经验等进行对比、分析，学习发达国家和地区的经验和教训为我国老龄化问题应对思路提供一定的借鉴。

二、研究意义

通过研究，树立科学的老龄观，明确老龄化带来的系列问题，构建老龄化应对的策略体系，促进老龄化与经济社会可持续、协调发展，为政府相关部门做出老龄化问题应对决策提供科学依据。本研究具有很强的现实意义和针对性，具体来说，研究的理论意义和现实意义如下。

（一）理论意义

（1）确立老龄化是一个科学问题、哲学问题，是一个社会、文化问题的理论观念。在哲学层面从多重维度对老龄化问题进行分析，为后续研究及科学认识、应对老龄化提供了理念指导和分析框架。生命个体的衰老是必然的，衰老问题是生物科学现象（衰老和死亡一样，都是一个合乎自然规律的过程，也是生命本身的组成部分）；延年益寿需要科学技术保障（如医疗技术和运动、科学营养和保健）；老龄化是多重因素共同作用的结果，也是科技进步的产物；老龄化应对的方法路径有很多，但依靠科技进步和技术的创新是一个更为重要的现实路径。把老龄化问题界定为科学问题，这为厘清老龄化是什么、为什么发生以及如何应对，为什么要抓住科技进步这条主线等都做好了准备。老龄化是随着人口结构的变化而出现的一种动态过程，是十分有意义的哲学问题，从哲学高度予以重视具有重要的现实意义。老龄化是一个社会、文化问题，老龄化引发的不仅是个体问题，更是一个社会性的问题，是一个科学与社会互动的社会问题，需要全社会积极行动。老龄化问题是一个价值观、理念问题，是一个文化问题，如何实现观念转变，对于老龄化社会的未来发展影响深远。

（2）厘清老龄化问题发生机制和老龄社会进步的动力源泉。老龄化受人口出生率、死亡率、人均寿命、经济发展、社会进步等多重因素的影响，并由此衍生出一些经济社会问题，而现有的研究对老龄化问题的探讨有些倾向于老龄化问题难以解决，认为老龄化对国家、社会和家庭是一种负担或副作用。这样的倾向对老龄化问题的定位和应对是极为不利的，因为这种倾向并未从社会经济进步、科技飞速发展视角对老龄化问题的发生和发展进行分析，也没有考虑中国的实际国情，很难对老龄化问题做出精准的应对。如果不能准确解析老龄化问题的本质，就容易失去其理论研究基础和现实指导意义。本研究将有助于增强对老龄化社会及问题的进一步认识，补充、完善对老龄化问题发生、发展、应对和动力源泉的把握。

（3）丰富并发展老龄化社会变迁理论。系统梳理国（境）内外老龄化问题发生和发展的历程，将进一步丰富国（境）内外学术界关于老龄化问题的萌芽、演化历程的研究。同时，对老龄化问题的国（境）内外变迁历程、变迁动力和变迁路径作进一步探索，将有助于形成老龄化问题应对的理论研究成果，从人口结构丰富老龄化社会变迁及动力结构的相关理论。

通过研究，有助于准确认识老龄化社会的运行，理解并丰富乃至发展相关理论。通过分析中外面对老龄化问题，如何以科技进步为抓手，促进经济、社会和谐与老龄化协调发展，以进一步丰富老龄化的相关理论。本研究在生产性老龄化→健康老龄化→成功老龄化→积极老龄化理论的基础上，初步尝试提出科技老龄化理论。该理论指出，老龄化发生的根本原因和动力基础在于科技进步；老龄化的方方面面与科学技术息息相关；老龄化问题应对的根本措施在于经济社会进步，而经济社会的进步又源于科技发展。

（二）实践意义

（1）为我国老龄化问题的应对提供具体经验及实践指导。当前，我国正处在老龄化快速发展、实现小康社会、全面实现现代化和实施未来“三步走”战略的关键时期。老龄化引发了不少问题，如何厘清老龄化问题及其本质，以探究老龄化问题应对的科学措施，让老年人共享改革开放发展的社会成果，让社会和谐有序发展，具有重要的现实意义。通过论述国（境）内外老龄化问题研究及应对措施，借鉴国际社会老龄化问题应对的具体脉络和成就，为我国老龄化问题的应对提供具体经验及实践指导，促进我国老龄化朝着有利于经济社会发展的方向演化。本研究对于促进科技进步与民生改善，制定未来老龄产业政策、消费政策和养老服务人才策略，制定未来人工智能发展战略、实施中国制造 2025，带动老年科技产品的研发和产业发展，促进经济转型升级、经济社会协调发展，以及对于各级政府科学应对老龄化、制定区域发展战略和相关规划、进行相关决策等有一定的指导意义，提供重要的理论参考。

（2）明确老龄化与现代化的关联性，对现代化建设实践具有指导意义。老龄化与现代化具有较强的关联性，从我国和发达国家老年人口结构的现代化演变逻辑、生活方式、生育行为的改变来看，人口转变的终极动因是现代化。老龄化是由于城市化、工业化、现代化引起的，老龄化是现代化的重要标志，现代化也为老龄化的发生提供了前提条件和物质储备。当前，我国正处于实现现代化的爬坡期、关键期，老龄化将一直伴随着中国的城镇化进程和经济社会现代化的转型过程，实践中需要因势利导，积极发挥老龄化在现代化进程中的正效应，为 2035、2050 两个阶段的现代化的目标达成和老龄化社会的协调发展做好思想上、实践上的准备。

（3）科学解析老龄化问题，对于辩证看待和应对老龄化具有现实意义。通过研究，丰富可持续发展、积极老龄化理论，并对理想的老龄化社会目标给予恰当的关照和回应，这对当前有些学者对老龄化问题缺乏科学理性的精神和辩证的思维，以及对老龄化社会变迁中老年人、老年人群体的地位、作用及影响的偏颇认识进行回应，对现实中厘清老龄化问题的本质及其应对思路是十分必要的。

（4）为精准应对老龄化问题提供案例分析和实践指导。通过对比国（境）内外老龄化的发生、发展，以及解析老龄化问题、借鉴国（境）内外老龄化应对的典型案例，尝试探究老龄化问题以科技发展为主轴的应对框架，为建设新时代中国特色社会主义，以精准解决老龄化发展过程中所面临的诸多问题提供案例分析和实践指导。本研究系统地探讨了老龄化问题的发生、发展及本源，力求实现把科技发展作为应对我国老龄化问题的强大动力和源泉设想，力求让习近平新时代中国特色社会主义思想深入人心，并将其落实到我们的政策制度建设和实践中去。通过研究，总结老龄化问题应对有益的经验，这种做法具有很强的现实针对性，具有重要的实践意义、战略意义和国际意义。

三、研究的理论基础

从科学与社会的视角来看，老龄化是人类社会发展必然经历的阶段，不可避免地带来一些消极的影响和问题，迫切需要做出应对。老龄化问题的应对是综合性的实践，需要如下一些理论作为本研究的指导。

（一）可持续发展理论

可持续发展理论是20世纪90年代就已经十分成熟的理论。该理论遵循持续性、公平性、共同性原则。老龄化问题不仅涉及人口系统，更与经济、生态系统、科技系统息息相关，涉及复杂的代际关系和代际公平、利益成果共享、资源分配、协调问题。老龄化问题也是社会公平和正义的反映，应对老龄化问题是实现社会公平责任和义务的体现，同时也有利于和谐社会的建设。当代老年人的问题、社会的问题，也涉及下一代、更下一代的问题和社会问题，涉及消费方式、绿色殡葬、环境保护、生态文明、循环经济等问题，其问题的应对应以可持续发展理论作为指导。

（二）积极老龄化理论

“积极老龄化”是一种新理念和实践的探索，经历了“提出—论证—确定”的过程，它突出健康、保障和参与三大支柱，强调老年人的社会参与[1]。充分肯定老年人的社会价值，把健康、参与、保障构成一项应对老龄化挑战的战略。积极老龄化，把老龄化消极影响化为社会经济可持续发展的强大动力，倡导建立不分年龄、人人共享的社会[2]。积极老龄化以新的视角诠释了老年人的角色、价值和生命的意义，体现了人类对老龄问题认识的进步[3]。实现积极老龄化的前提条件是：生命全程的视角；对老年人权利的承认；多部门和代际间的通力合作。积极老龄化理论不论对于老年人个体问题，还是对于老龄化的社会问题都需要从健康、保障和参与方面加以积极应对。

四、研究的创新点与不足

本研究力求在切入点、问题解析、时代新颖性方面实现创新，但有所创新的同时，也存在一些不足。

（一）可能的创新点

（1）研究的切入点新颖。国（境）内外研究老龄化的文章、论文较多，但是将老龄化问题从科学与社会的视角对其做科学、哲学、社会、文化、现代化方面的解析，并探究以科技进步为主线下的老龄化问题应对（从成因到发展，再到应对、

---

[1] 杨华：《历史哲学视域下的人口老龄化及其应对》，博士论文，浙江大学，2013年，第42-44页。

[2] 杨华：《历史哲学视域下的人口老龄化及其应对》，博士论文，浙江大学，2013年，第42-44页。

[3] 杨华：《历史哲学视域下的人口老龄化及其应对》，博士论文，浙江大学，2013年，第42-44页。

展望）少见，属于比较新颖的切入点。

（2）问题意识突出，问题解析比较深刻。本书在讨论老龄化问题时，详细梳理了老龄化问题的发展脉络，试图在梳理过程中，以科学与社会互动的视角，展现并解释了老龄化问题的成因、发展，产生的正负效应以及老年人在家庭、社会中地位的变迁，分析老龄化问题出现的逻辑性和必然性，以及老龄化问题与社会发展的密切关联性，把老龄化问题看作科学问题、哲学问题，看作社会、文化问题，老龄化是现代化的标志。本书对老龄化问题进行了全面深入的解析；突出老龄化的问题意识明显，研究的切入点都是问题导向式的；研究注重从社会经济、科技进步与老龄化社会的协调的视角探究应对老龄化问题，这种问题导入式的探索结构是一种创新性的尝试。

（3）紧跟时代步伐，突出时代主题。本研究在参考资料选取、数据选择、问题分析、科技前沿及老龄化问题应对思路设计、展望等方面力求紧紧抓住时代的脉搏，抓住老龄化社会最新、最迫切、最具有代表性的问题。特别地，本研究以十九大精神为指导，以新“三步走”战略为依据，展望了我国老龄化的未来，突出了时代气息和意蕴，这本身也是一种创新。

（二）可能存在的不足

（1）完全驾驭、深度解析该论题难度大。本研究涉及多学科、多理论，所要研究的是一个全球性的热点、难点问题，论题本身难度大、纷争多。随着研究的深入，研究的内容将涉及地区、国家科技的变化，社会经济的动态发展等，这需要有足够的耐心和勇气去对众多的、动态性的老龄化问题进行梳理、提炼、分析和比较，限于自身学术水平，完全驾驭该论题有一定的难度。而且，尽管研究者对老龄化问题从科学、哲学、社会、文化等方面做了一些解析，但对该问题的解析还不够深刻、不够透彻，这也可能成为不足之处。

(2) 论题内容广，研究能力要求高，应对实践的提炼还有待完善。由于本研究的题目涉及内容较广，也涉及国际方面的实践与经验，需要在充分研究国内已有学术成果的基础上，大量查阅、翻译英文文献，对资料阅读、分析、综合能力提出较高的要求[1]，应该对实践的典型经验、科技观、文化价值观、政策优化等方面进行提炼，随着实践发展、经济社会发展、科技进步而对研究内容不断增添和加以修正，这无疑也增加了一些研究的难度。

(3) 限于能力及条件，研究还不够全面。对于老龄化问题而言，成因复杂，问题又是动态的，地区、国家之间存在较大的差异性，由于水平、时间条件、能力与精力所限，要做到研究有针对性和前瞻性有一定难度，无法全面把握和实现。本研究没有专门针对留守老年人的关爱服务问题、高龄老年人问题、老年性别问题、农村老龄化问题、老年人歧视问题、老年人贫困问题等方面进行深入研究；有些更好的应对策略也只能在以后的学习研究中不断丰富和完善，这也致使本研究显得还不够全面。上述问题也是作者后续应该予以关注的研究领域，并期待在以后的研究中得以实现。

---

[1] 徐愚：《机器与语言——对人工智能语义问题的探寻》，博士论文，中共中央党校，2016 年，第 19 页。

第三章 老龄化问题解析

老龄化到底是怎样的问题？老龄化会衍生哪些重要问题和产生哪些影响？这些问题需要认真加以解析，在此基础上才能积极应对老龄化。只有正确地认识老龄化问题的性质，才能在实践中科学地加以应对。老龄问题包含老年人和老龄化两个问题[1]。老龄化问题，是由老龄化所引起的对社会、经济等方面的影响[2]。老龄化问题就是老年人自身的问题和老龄人口增多所带来的社会负担、经济发展、社会安全和科技进步等问题，进一步来看，是指由于整体老龄化和个休老化给社会经济、发展以及老年人自身所带来的问题和影响。老年人的个体问题汇集到一起，就形成了社会性的问题，这些问题，或推动社会的进步，或阻碍人类社会前进的步伐。

老龄问题涉及人道主义和发展两方面。人道主义是指随着老年人数量的增多、老年人的逐步衰老所产生的一些特殊需要的系列问题，如有关老年人的医保社保、养老服务、权益维护、精神慰藉等问题；发展问题涉及老年人增加对经济、社会、科技等方面带来的效应。人道主义问题处于微观层，主要指老年人的特殊需要。为满足这种需要，势必引起社会财政支出、产

---

❶ 钟仁耀：《社会保障概论》，东北财经出版社，2006，第158页。

❷ 郑金海：《中国人口老龄化与现代化》，《人口学刊》，1998年第4期。

业、家庭结构等的变化，自然就出现了发展方面的问题，即宏观方面的问题[1]。老龄化问题是科学、哲学问题，也是社会、文化问题，老龄化是现代化的一个重要标识，是进入现代化产生的结果。老龄化带来了许多影响，有消极的，也有积极的，下面就老龄化问题的性质及其影响加以解析。

第一节　老龄化问题学理解析

如前所述，从科学与社会的视角看，老龄化是一种社会现象，它是医疗卫生事业、科技、经济、社会发展综合作用的结果。中国老龄化的发展和进程还在一定程度上受计划生育的影响。进一步来看，老龄化不仅是一个科学问题，也是一个哲学问题，是一个社会和文化问题。

一、老龄化的科学视角

众所周知，“问题就是事物的矛盾”[2]。波普尔指出：“科学和知识的增长永远始于问题。”[3] 科学问题是一定时代的主体提出的有待解决的矛盾或疑难[4]。问题是科技进步的内生源泉。希尔伯特认为，问题对科学的发展方向有重大意义[5]。如上所述，习近平关于新时代我国主要矛盾的新表述，关于“人口老龄化是世界性问题”以及“两个事关”“三个应对”的思想都

---

[1] 李新民：《关注老龄问题，做好老龄工作》，《宁夏社会科学》，2000 年第 2 期。

[2] 《毛泽东选集（第 4 卷）》，人民出版社，1966，第 864 页。

[3] 卡尔·波普尔著，傅季重译：《猜想与反驳》，上海译文出版社，1986，第 318 页。

[4] 夏从亚，刘国红：《论科学问题的发现与提出》，《山东师范大学学报（人文社会科学版）》，2010 年第 2 期。

[5] 夏从亚，刘国红：《论科学问题的发现与提出》，《山东师范大学学报（人文社会科学版）》，2010 年第 2 期。

是值得认真思考并加以重视的科学问题。人口老龄化实际上是一个十分有趣的科学问题。这个问题已经引起了科学界、社会学界广泛而持续的关注，这个问题也引发了很多矛盾。例如，养老与发展的矛盾，长寿与老龄化加剧的矛盾，老龄化与科技创新的矛盾，等等。这些矛盾引导人们去探索化解或应对的策略，引导和推动着自然科学和技术科学的发展，如现代老年医学、老年生物学、衰老学、老年康复医学和康复技术、信息技术、人工智能等；这个问题也促进了老龄化相关理论的发展，如生产性老龄化理论、健康老龄化理论、成功老龄化理论、积极老龄化理论、和谐老龄化理论等。具体来说，老龄化作为科学问题，主要表现如下。

（一）老龄化是科学的产物

从年轻人和中年人的角度来看，老年似乎在某种程度上是一个遥远而不受欢迎的生活周期。在历史上，人类一直试图延长青春期，延缓衰老。为找到能返老还童的秘方，曾驱使无数探索者走向海角天涯，曾鼓舞了炼丹术士们、科学家去探索恢复青春和延长生命的种种途径[1]。从研究和阐明细胞分裂的过程到寻求改善老年人生活质量的途径，处处渗透着科学的气息。第一位将衰老解释为一个发展过程而不是解释为一种发育停滞或退化的科学家是19世纪比利时的数学家兼统计学家阿道夫·奎特勒，他对衰老进行了横向统计研究[2]。最早进行衰老实验室科学研究的科学家是19世纪30年代俄国生理学家I. 巴普洛夫和他的学生。老年学划时代的著作是美国心理学家G. 斯坦

---

[1] ［美］N. R. 霍曼，H. A. 基亚克著：《社会老年学——多学科展望》，社会科学文献出版社，1992，第1页。

[2] ［美］N. R. 霍曼，H. A. 基亚克著：《社会老年学——多学科展望》，社会科学文献出版社，1992，第2页。

利·霍尔在1922年出版的著作《开始衰老——生命的后一半》。科学技术，特别是保健技术，使得婴儿和产妇死亡率大大降低，延长了成年人的寿命，增加了老年人数量，为老龄化发生创造了条件。

老龄化是人口结构变化和科学技术进步的结果。科学技术的进步，带来了社会的发展，带来了生活方式、生产方式的转变，更导致了人们生育观念的变化，少生、优生成为社会和个体的价值诉求主体。在现代社会，广大女性的社会地位大大提高，为女性现代生育观创造了客观条件。随着社会的发展、科技的进步，节制生育技术不断发展完善，为女性自主决定生育行为创造了现实技术基础。如果没有现代避孕节育药品和相关工具，女性即使想控制自己的生育行为，也是不实际的[1]，由此影响出生率，进而影响老年人口占比大小。

在遥远的蛮荒时代，人类个体几乎都渴望长寿，但却难以实现。只是到了近代，人们的寿命才普遍延长，从平均预期寿命史前时期的二三十岁到了现在的70~80岁。在过去，很多人在旧观念的影响下都渴望多生育子女，以便传宗接代，多子多福，光宗耀祖。但到了现代，人们越来越注重后代的质量，减少了生育愿望和数量，这样的变化和对比值得深思。老年人与年轻人数量上的转化对人类自身发展来说意味着什么？人口老龄化是始料未及的，是一条新的历史规律，究竟是什么彻底改变了人类社会这一复杂的巨系统的主体结构？一句流行的名言说，“我们遇上了敌人，但他们就是我们自己”。[2] 健康长寿是多维因素共同作用的结果，这样的因素包括自我管理、遗传基

---

[1] 苏振芳：《人口老龄化与养老模式》，社会科学文献出版社，2014，第32页。

[2] 党俊武：《老龄化社会引论》，华龄出版社，2004，第309-311页。

因、经济社会环境和自然环境。其中，遗传基因正是从生物科学角度的解读。生命个体的衰老是必然的，衰老问题本质上是一种生物科学现象，衰老和死亡一样，都是一个合乎自然规律的过程，也是生命本身的组成部分。一个人要想延年益寿需要医疗技术和运动、科学营养和保健等科学技术提供保障。正是在这样的条件下，使得老龄化现象得以发生，老龄化社会得以到来。出生率和死亡率的降低都是科学技术进步的结果，老龄化是科技进步的产物。老龄化是科学上两大成功的结果，即人们逐渐能够避免意外怀孕和过早的死亡[1]，老龄化是科学的产儿。

（二）老龄化问题是科学实践中需要应答和解决的问题

一定时期的科学，是一定年龄结构的人口群体对其经历的社会实践的认识或经验的总结，人口老龄化使社会群体年龄结构发生了变化，使得科学的主体发生了很大的变化。在生产实践以及与自然界、思维活动和社会交往中，大量的老年人有一些日益丰富的社会实践经验需要总结、抽象并探求其规律性，同时，老年人力量和多方面需求的加强和对生产实践活动指导的现实需要也促进了原来的科学结构、科学主体、科学内容和科学方法的发展[2]。

老龄化问题与科学一样都来源于实践问题，要探究老龄化现象背后的东西是什么，这是根本。老龄化是在一定历史、社会、经济发展时代所发生的独特现象，也是需要在实践中不断

---

[1] 宫建，贺伟：《从生态哲学视域解析人口老龄化和社会发展的关系》，《理论界》，2010 年第 10 期。

[2] 王冰：《社会深层的人口效应与人口老龄化的社会影响》，武汉大学出版社，2006，第 311－312 页。

探索和尝试应对的问题。老龄化也包括一定的求解目标和应答域[1]，其求解目标就是老龄化消极效应的最小化，应答域包括老龄化社会发展变迁的原因和规律是什么？老龄化发生的机制和意义是什么？老龄化问题应对的治理和策略体系、目标、任务有哪些？等等。所有这些都是一种科学实践和探索的过程，并在这个过程中求解。老龄化问题来源于科学技术进步、医疗卫生事业的发展和经济社会全面进步的社会生产实践。

老年人寿命的延长、疑难杂病的治愈都直接影响着老龄化的方向、程度和结果。在这一过程中，已检验和验证了老龄化的发展与科技进步有一定的相关性。人们在研究中，发现了老龄化方面的很多矛盾或疑难问题，这就是科学所要研究的问题。例如，老龄化程度的加剧与医疗资源占比之间的矛盾，老年人的增多与经济社会发展速度、效益不和谐的矛盾，老年人养老方式的选择与其家庭、身体、经济、居住环境以及观念之间的矛盾，等等。另外，科学技术、医疗卫生水平越高的国家或地区其老龄化程度、人均寿命相对越高，这也是被实践所证实的。老龄化问题是基于一定的老龄相关知识的完成、积累，为解决某种应对老龄化系列问题和难题而提出的任务。

老年人作为生命个体本身是科学研究对象。不论个体，还是群体，绝大多数老年人见识广、经验多，对一些问题的见地深刻。长久以来，人们对老龄化有探究兴趣：当人们变老时，到底发生了什么？个性和智力是怎样变化的？为什么有人遭遇认知功能巨大衰退而有些人却不会？怎样逆转或调整老龄化所

---

[1] 国家教委政治思想教育司组：《自然辩证法概论》，高等教育出版社，1989，第124页。

带来的衰退呢?[1]，等等。当代科学，无论文化学、人类学、社会学、政治学、哲学、生命学、医学都把老年群体当作一个特定的客体来进行研究。在科学研究方面，除了少数前沿自然科学外，老年人的学识、见解和经验都对科学研究提供了十分重要的借鉴和指导。老年人及其群体的消失，是一些经验的流失、知识的流逝，是对人类社会可持续发展和科学研究的重大损失。老年人对科学研究方法和科学知识的传承作用是年轻人无可比拟的。

老龄化及其相关问题也是一个很容易由科学预见的问题。原因十分简单，只要生育行为和死亡行为一旦确定，人口发展的管理就显而易见。索维把人口老龄化看作是现代一切现象中最易于事前预测、最有影响的问题。熊彼特在他的遗著《经济分析史》中指出："自从原始种族用堕胎和残杀的办法解决人口问题以来，无论是一般人或者是社会哲学家从未从人口问题的苦恼和困惑中解脱"[2]。美国学者罗伯特·巴特斯博士认为，"从生物学的角度看，逐步发展的，是普遍的各种生理系统的衰退，这表现在心理方面和生理方面……与此同时，有证据清晰表明（在老年人身上）同时存在着以下诸多方面社会心理能力的发展和加强：战略和策略、远见和卓识、谨慎小心和聪明智慧"[3]，所有这些都可以接受科学实践检验和发展。

老龄化过程中，随着老年人口的增加，社会上越来越多的老年人口会积极维护他们所总结的科学知识，并以此衡量和评

---

[1] ［美］威廉·J. 霍耶，保罗·A. 路丁著，黄辛隐译：《成人发展与老龄化》，江苏教育出版社，2008，第1页。

[2] ［日］南亮三郎著，张宝译：《人口论史》，中国人民大学出版社，1984，第1页。

[3] ［美］贝蒂·弗里丹著，李淑琴，李欣，等译：《生命之泉喷涌》，作家出版社，1997，第59页.

价科学的发展，而且他们有些人也难以接受或完全接受自己不熟悉的及未接触过的新的科学知识❶，这样很容易产生对科学正常发展的阻滞作用。

（三）老龄化应对需要科学思维和科学技术

老龄化是多重因素作用的结果，也是科技进步的产物。人均寿命的延长与医疗技术进步息息相关。100 年前，成人通常死于急性病，元凶主要是流行性感冒和肺炎。由于疾病预防和保健取得的重大成就，使得死亡率大大降低。老龄化应对的方法路径有不少，但依靠科技进步和技术的创新是一个更为重要的现实路径。老龄化问题是系统性问题。飞机轮子和发动机、工厂污染等问题都需要运用整体思维，全面考量解决之道。老龄化问题涉及人口、经济、社会、科技等系统，不能用简单的思维模型来处理❷，需要运用科学的思想、系统的思维方式来处理和应对。运用科学方法指导饮食、运动、心理等，可以推迟衰老，并延年益寿。

工业革命促进了科技的发展，提高了劳动生产率，为供养更多人口开辟了道路❸，也为老龄化的形成和发展提供了技术前提和支撑。因为，科技进步，使人们的生活条件得到改善，营养多样化，增强了对疾病的抵抗力，延长了寿命。另外，技术的进步，特别是医疗技术的进步和改善，使得一些疾病，如天花、疟疾以及鼠疫等杀伤力极大的传染病消失，降低了死亡率。在现代社会里，随着节制生育技术的不断发展完善，为女性自主决定自己的生育行为创造现实的技术基础。老龄化社会

❶ 王冰：《社会深层的人口效应与人口老龄化的社会影响》，武汉大学出版社，2006，第 315 页。

❷ 党俊武：《老龄化社会引论》，华龄出版社，2004，第 312 页。

❸ 王渊明：《历史视野中的人口与现代化》，浙江人民出版社，1995，第 138 页。

的到来对智能机器人、智慧产品、辅具技术等的研发和生产提出了新要求。随着技术的进步，老年人照护问题可望得到缓解乃至根本解决❶。运用科技手段和科学方法指导，可以实现延缓衰老，使健康、活力时期延长。

总之，以上关于老龄化问题与科学的紧密关联性，以及老龄化问题所呈现出的特征及发生、发展和应对的科学思维、技术运用的极端重要性都充分表明老龄化问题也是一个科学问题，需要以科学的态度认真对待。老年人是人类的一部分，而且是必要的一部分，需要以科学的眼光看待老年人个体及群体，看待老龄化发生及其带来的影响。

二、哲学视野下的老龄化

老龄化是随着人口结构的变化而出现的一种动态过程。老龄化问题是一个哲学问题，这因为：

一是从生产力和生产关系层面看，生产力包括生产者、生产对象和生产资料。马克思主义认为人口是社会的基本生产力，是社会经济活动的主体❷。人口通过生产者和消费者的统一体而实现对经济社会的作用。马克思指出："全部社会生产行为的基础和作为生产主体的人口，是社会生产力不可缺少的前提和要素"❸。由此可见，人口是生产力的有机构成，老龄化问题是人口数量、结构的变化引起的生产关系与生产力水平不协调的结果，由此引发出一些问题和矛盾。正如戴维·波普诺指出

❶ 张雪永：《积极应对人口老龄化视域下的涉老人才教育初探》，《西南交通大学学报（社会科学版）》，2017 年第 1 期。

❷ 牟新渝，郭山文：《动态人口红利理论与实践》，华龄出版社，2015，第 109 页。

❸ 《马克思恩格斯选集（第 1 卷）》，人民出版社，1975，第 18 页。

的："一个社会的人口数量和人口构成的变迁会产生巨大的影响。"❶ 老龄化引发的人口构成的变化，在一定的生产资料和技术条件下，会直接导致年轻劳动力供给不足，影响正常的生产活动进行，也影响生产力和经济发展进程。特别地，老年抚养比的上升，会影响社会和家庭的消费能力、数量、结构和方向，导致劳动力成本上升，产品竞争力下降，影响社会经济发展速度，影响新的生产关系和旧的生产力的协调。人口是生产力的组成部分，生产力变化必然要求生产关系变革，否则，就会矛盾重重。一旦政策、制度和人口结构等方面适应了新的生产关系，人口和社会将进入一个和谐发展的新阶段❷。从某种意义上来说，老龄化问题是一个社会生产力进程与发展阶段的问题，是生产力和生产关系的问题。

二是从社会存在和社会意识关系来看，当前，我国最大的社会存在是处于社会主义初级阶段，由此决定着我国老龄化应对的制度、法规和理念等方面的社会意识。这些方面反过来也会影响老龄化的实际进程，以及现阶段的主要矛盾的确立及应对效果。由于社会存在和社会意识之间存在着不调和，导致老年人自由发展受到一定的限制。问题的关键是，如何满足老年群体充分的自由和发展？现阶段，由于老龄化与社会建设、文化建设的错位，致使老年人群体的特殊需求还不能充分满足，其生活、养老、医疗、自我发展等方面的自由还受到多方面的限制，老年人这种相对的不自由，势必冲击其他人的自由发展。现代社会中出现的老年人孤独终老问题、不知去哪儿养老问题、广场舞扰民问题，等等，都是老龄化背景下需求与供给错位，

---

❶ ［美］戴维·波普诺：《社会学》，中国人民大学出版社，1999，第621页。

❷ 姚远：《人口老龄化影响社会发展的理论框架》，《老龄科学研究》，2015年第4期。

经济发展与文化建设、社会建设滞后等社会存在和社会意识关系问题的映射。老龄化问题的应对需要观念创新、制度创新，目的是让社会意识适应老龄化社会的未富先老、未备先老的社会存在的状况，发展并满足老年人的合理要求。中国未富先老、未备先老的特有国情，决定了中国老龄化必然带来一些问题，而问题的应对需要从实际出发，循序渐进，坚持科技进步，紧紧抓住发展这一主线，逐步调整发展观、老龄观及相关制度，这完全符合社会存在和社会意识之间的辩证关系。

三是从矛盾辩证法视角来看，老龄化社会充满着矛盾。在进入新时代的今天，如习近平总书记在十九大报告指出的："我国社会主要矛盾已经转化为人民日益增长的美好生活需要和不平衡不充分的发展之间的矛盾"[1]。习近平对我国主要矛盾的新表述，为老龄化社会矛盾的分析提供了新的思路。人们不禁要问，老年人对美好生活的需要是什么？这方面的需要与哪些方面的不平衡、不充分发展产生了矛盾？事实上，老龄化社会充满着矛盾，例如，健康长寿与失能失智老年人增多的矛盾；老年人增多与老年服务需求供给不足的矛盾；整体准备不足与老龄化提前到来的矛盾（未备先老）；安乐死与珍惜生命、生命至上的矛盾；代际之间矛盾，等等。老龄化社会的矛盾既有主要、次要矛盾，也有矛盾的主要、次要方面。其中，老年群体的需求与供应亏欠的冲突是主要矛盾，而社会发展和建设则是这一矛盾的主要方面，老龄化是被迫的，是矛盾的次要方面[2]。老年人日益增长的需求与社会发展满意度之间的矛盾，

---

[1] 习近平：《决胜全面建成小康社会 夺取新时代中国特色社会主义伟大胜利——在中国共产党第十九次全国代表大会上的报告》（2017年10月18日），人民出版社，2017，第11页。

[2] 李志宏：《人口老龄化问题的本质和特征分析——兼论人口过度老龄化》，《老龄科学研究》，2013年第7期。

将在21世纪贯穿始终。这个矛盾将会对我国实现现代化建设和深化改革带来深刻影响。社会建设的成功与发展，关键在于妥善解决老年群体的需要问题[1]。再如，老龄化社会的到来，老年群体的增加使得当他们生活困难和患病时子女照顾力不从心，赡养负担加重；“孝亲”观念淡化，重幼轻老观念加强，代际伦理重心倾斜；老年人增多，挤占了年轻人的医疗、经济、社会资源等，代际之间的矛盾加剧，但老年群体与年轻人代际之间的矛盾属于一对次要矛盾，从属于主要矛盾，就这一对矛盾来看，矛盾的主要方面在于两类群体之间的利益纠葛。由此可见，老龄化社会存在着诸多矛盾，矛盾无处不在。实践表明，每个人都有追求健康长寿的愿望，这是人们美好生活需要的重要方面，老龄社会应该是美好的社会，不能消极地看待老龄化及老龄社会的矛盾。矛盾或存在的问题是在现代化、在追求美好生活的过程中、在走进老龄社会的进程中无法避免的，这就要求人们观察老龄化问题或已发生的矛盾时的心态需要调整。老龄化社会也是人们追求健康长寿和美好生活的必然结果，只是当前在一些方面的不平衡、不充分发展与老龄化社会和长寿、高寿的人增多且他们的需求增长的矛盾，这需要以唯物辩证法的观点来分析，辩证地看待老龄化问题，并积极化解有关矛盾。

四是从质变与量变的关系来看，就生命个体来说，是一个从出生的婴幼儿到成年、老年，到死亡生命周期的质、量互变的过程。一个人从他刚刚出生的那刻起，就是在慢慢地死去[2]。每个人一直在朝着自己生命的尽头前行，而且一刻也没有停息个体老化，即使寿命再长。在这一过程中，特别在现代，绝大

---

[1] 姚远：《人口老龄化影响社会发展的理论框架》，《老龄科学研究》，2015年第4期。

[2] ［日］中江兆民著，杨扬译：《一年有半》，译林出版社，2015，第26页。

多数都会变成老年人，成为老龄化社会的一员。老龄化的发生或进入老龄化社会的现实是人口整体，特别是老年人口经历一定量的积累和一个渐进的发展过程，达到了一定的比例，使得描述人口结构的金字塔型发生变化，从底部老龄化转变为顶部老龄化，从年轻型走进成年型社会并发生质变，转变为老龄型社会。这种年龄结构的演化，表现为时间的有序性和持续性。在实践中，以出生率、死亡率下降和人均寿命提升，有序、持续、动态地呈现。国（境）内外实践表明，人口老龄化经历了一个从自发转为自觉的过程[1]。从全球视野来看，世界最终要变成老龄化世界，因为，几乎所有国家都将或早或晚发生人口年龄结构从量变到质变的转化，也都将面临人口老龄化问题。量变到质变还表现在，老年人个体问题常常是人道主义的问题，是个体养老、生活、关爱等方面的问题，个体问题汇集起来，就变成老年人群体方面的问题，变为老龄化对经济社会、政治、生态、文化等方面的影响问题，最终转化为发展方面的问题。

五是从系统论的视角来看，老龄化本身是复杂而巨大的系统，但它也是整个社会大系统的一个重要甚至必要的组成部分。一个正常的社会，必定有一定比例的老年人。老年人这个子系统与整个社会这个大系统之间有着密切的有机联系。因为，老龄化社会不仅仅是一个老年群体系统，而且涉及与其关联的儿童、成年人及其他群体系统，老年人群系统只是人类群体大系统的一个子系统，这个子系统与其他子系统相互作用、相互影响，存在着权益交互、此消彼长、责任与义务交织等问题，老年人与代际之间的关系是交互的而不是线性的。作为系统而存

[1] 宫建，贺伟：《从生态哲学视域解析人口老龄化和社会发展的关系》，《理论界》，2010 年第 10 期。

在的老年人群体是不可或缺的，而且也是非常重要的系统，因为每个人（没有特殊情况）都迟早要进入这个系统，即使现在没有进入，但也有自己亲近的长辈属于这个系统的成员。从老龄化问题应对来看，需要建立协同老龄化诸要素的机制，老龄化问题不仅仅是养老问题、医疗问题和服务问题，而且是一个系统复杂问题。例如，习近平总书记在十九大报告中强调“推进医养结合”[1]，这是一件系统性工程，这里包含老年人医、老年人养两个子系统，而“医”“养”本身又是一个复杂的系统，各系统还是相互关联、相互影响的，这些系统本身具有动态性、整体性、层次性。所有这些，都需要运用系统论的思想对老龄化问题进行解构并加以应对。

六是从可持续发展的视角来看，老龄化问题不仅涉及经济问题、社会问题，甚至涉及政治问题、生态文明和文化，老龄化问题也是一个可持续发展的问题。老龄化使得越来越多的老年人与年轻人在家庭、住房、就业、医疗资源等多方面的利益或资源分配上产生代际矛盾，这势必影响家庭和谐，进而影响社会和谐与稳定，冲击社会经济的可持续发展。需要进一步指出的是，老年人的增多，其主流的消费方式是勤俭节约、循环再利用，这有利于生态文明建设。当前，大量的海葬、绿色殡葬成为一种新时尚，这不仅节约了资源和土地，而且为经济社会发展起到了助力作用，有利于我国可持续发展战略的实现。可见，老龄化为可持续发展带来了机遇和挑战。人口问题是关系到一个国家可持续发展的根本问题。中国是老龄化世界的中

---

[1] 习近平：《决胜全面建成小康社会 夺取新时代中国特色社会主义伟大胜利——在中国共产党第十九次全国代表大会上的报告》（2017 年 10 月 18 日），人民出版社，2017，第 48 页。

心❶。老龄化是人口占比的变化，我国老龄化发展动态已成世界关注的焦点。换句话说，我国老龄化问题日益成为国家可持续发展的重大关切和根本问题。既满足当前的需要又不危及子孙后代生存利益的可持续发展观念已被广泛接受。可持续发展内涵中包括提高人类健康水平、改善生活质量和获得必需资源的途径。当然，可持续发展主要关注的是生态环境问题，但是生态环境问题是人口问题，是人口发展和活动取向的问题，也是人的观念问题，自然也涉及人的未来发展问题和健康长寿问题；进一步来看，可持续发展问题也是人口结构问题，也是人口老龄化问题。从经济方面看，对生产、消费、储蓄、投资产生了较大影响；从社会方面看，则影响到了社会结构、人际关系、社会公平等；而解决住房、养老设施、交通等问题，自然涉及土地、能源、资源和环保的关系❷。因此，老龄化是可持续发展应有之义，二者不可分割。

七是从老龄化相关问题的哲学意义视角来看，老龄化与生死伦理观、人生观、价值观息息相关，有很多问题或思考也是很有意义的哲学问题。老龄化社会的到来，使得社会中有更多老年人、更多群体加入到关于生死观、伦理观的讨论和思考中。因为到了一定时候，不可避免地有更多的群体不得不面对死亡，而随着离死亡越来越近的群体不断增多，使得接近死亡的人及其亲属、身边的朋友、同事、伙伴自然就不得不面对死亡、孤老等问题作出一些思考和应答，成为他们乃至全社会关切的哲学问题。例如，活着是为了什么？为谁而活？怎样活着才有意义？怎样发挥余热？老年人的经验智慧、传统技艺怎样挖掘和

❶ ［美］泰德 C. 费晓闻（Ted C. Fishman）著，吴礼敬，刘娜，肖梦云，译：《揭秘老龄化》，机械工业出版社，2011，第281页。

❷ 张跃：《人口老龄化与可持续发展》，《思想战线》，2000年第2期。

传承？人一旦死去会给社会、他人留下了什么？怎样死去更有尊严？死去葬在哪里？殡葬方式是绿色殡葬、土葬还是海葬？等等，这些思考在哲学上都是十分有意义的问题。

总之，老龄化作为随着人口结构的变化而出现的一种动态过程，是十分有意义的哲学问题，必须从哲学高度予以重视，从哲学视角予以分析，为老龄化问题的应对做好准备。

三、社会文化背景中的老龄化

老龄化不仅是一个科学问题和哲学问题，而且是一个社会问题和文化问题。从社会层面来看，老龄化社会是一个新时代的社会，但社会结构、社会制度与人口老龄化这一事实还存在着不协调。老龄化是家庭、全社会的社会问题。老龄化本身不是问题，老龄化是一个被人们所建构的概念，是与人们的观念、人们的思想、人们的价值观息息相关的问题，是一个文化问题。

（一）老龄化是一个社会问题

老龄化问题是人口结构转向、新的社会结构变化问题，不仅涉及民生，而且关乎全社会发展。一方面，这种变化表现在家庭结构的变化，家庭小型化是当下和今后的基本取向，尽管现代70岁、80岁以上的老年人子女个数较多，但是，年轻老人或再过10年、20年成为老年人的家庭小型化已是必然，老龄化改变了社会主体的构成结构，由此使得社会组织、城乡、就业和社会阶层等结构发生转向或改变，并导致核心家庭和空巢家庭成为主流。“四二一”或“八四二一”家庭的大量存在，对社会的保障、公共卫生、社会服务带来了挑战。家庭结构的转型对养老方式、传统孝道产生了冲撞。另一方面，老龄化问题成为社会许多矛盾的根源，如代际之间、教育投资、储蓄与消费、住房、收入分配等都与老龄化问题息息相关。老龄化问题涉及社会生产、消费、分配、投资、医疗卫生、家庭养老、社会保障及福利、城乡规划等方面。

另外，老龄化问题涉及全社会所有的人，涉及老年人自身及其亲属，每一个人无特别情况都会走向老年，都成为老龄化社会主体结构的新成员，老龄化问题涉及每一个人老年期的切身利益，它的影响面最大，老龄化问题是全方位的社会问题。作为社会问题，必须运用社会政策工具，建构制度体系，协调社会关系[1]，推动老龄化社会可持续协调发展。由此可见，老龄化并不是老年人变多、少儿人口减少这种简单的问题。老龄化社会是一种不同于年轻型或成年型社会的新的社会形态，是一种新的社会结构，必须从全新的社会结构的视角来审视老龄化社会，否则，我们只会游离在老龄化社会的表象，而看不到老龄化的本质[2]，看不到科学与社会的相互作用。

在这里，特别还需要关注的是老龄化进程中的一种社会现实，即老年人在家庭、社会中地位的变迁及其成因。在传统的农业社会，老龄化社会没有发生。随着科技、经济社会的发展，人类社会进入工业社会、后工业社会、信息化社会，老龄化社会不仅到来，而且会走向老龄社会、超老龄社会。在我国，当前依然处于老龄化社会阶段。如今，老年人的社会地位有所下降，大有从“尊老爱幼”转向“尊幼爱青”的趋势，老年人在家庭和社会中的地位大不如前。这种老龄化进程的社会现象值得关注。出现这种情况的原因，有如下几个方面：

第一，急速的社会转型发展。我国的社会正处在实现现代化的历史进程中，从传统的农业社会快速转型进入工业化、现

---

[1] 党俊武：《老龄化社会的革命——人类的风险和前景》，人民出版社，2015，第100－101页。

[2] 党俊武：《老龄化社会引论》，华龄出版社，2004，第112页。

代化的社会，进入信息化社会，进入知识社会，从农业文明走向工业文明。在传统的农业社会，老年人的知识经验至关重要，“姜是老的辣”，老年人十分受尊重，老年人的价值判断、对问题的评判是一个家庭的方向标和指挥棒。老年人因为有知识经验，儿孙必须依靠长辈的知识经验引导才能生产、生存和发展，才能得到庇护。现在，科学快速发展，技术在快速进步，人的寿命大大延长，老年人占比快速上升，而这一进程中的多数老年人受益于科技进步，但又游离于科技进步之外，很多不明白的问题、不会用的东西不得不向年轻人求助，在这种社会快速转型的过程中，多数老年人跟不上社会的转型，没能适应社会的变化，不得不对子女更加依赖，对社会的依赖也在增强。

第二，物质财富占有的逆转。在传统的社会里，老年人占有家庭的资产，占有几乎全部生产、生活资料，经济地位特别高，话语权大；而在现代信息化社会里，年轻人通过受教育以知识养生，或外出打工挣钱，绝大多数老年人除了自己的住房（在农村，老年人还有少许土地，但多数情况下也需要年轻人在农耕、播种方面给予支持或协助）、少量的存款，几乎不再占有生产资料，成为留守群体成员，物质财富占有情况逆转，使得老年人在家庭中的经济地位大大降低，老年人不得不以年轻人为轴心，传统社会老年人的特殊地位被剥夺，老年人的权威被削弱。老年人的经济地位在家庭、社会中还有被进一步弱化的趋势，必须引起高度重视。

第三，科学进步推进社会关系的变化。科学技术从来没有像今天这样深刻影响着人民的社会交往和生活福祉。现代科技作为强大的生产力，对人际关系影响重大。今天的老龄化社会，也是智慧型社会。“天涯若比邻”，全世界已成为一个特殊的“村落”，就在我们眼前。在老龄化社会里，现在的社会变了，社会关系、社会结构也发生了变化，老年人在科技快速发展中，呈现出两种现状，一种是，少数老年人融入了科技进步，他们与年轻人没有数字鸿沟，他们与年轻人一样有自己的交往方式、交往圈子和交往频率，他们的生活中对信息科技、高科技产品高度依赖；另一种是，多数老年人没有与科技进步同步，固守自己的处事、交往方式，与子女、同辈的交往和社会关系受到压缩，人际交往变少，人际关系、感情呈现淡漠化，由此，对社会、家庭产生更多的依赖。在老龄化社会的今天，我们必须重视这种客观变化，对这种社会现象要有充分的认识和估计。

总之，老龄化问题是社会问题，是战略性问题，积极应对老龄化问题是一个巨大的社会系统工程。积极应对老龄化不是一句空话，积极应对老龄化不是哪个人，哪个家庭的事，而是全社会参与的事情。从社会视角来看，老年人这类群体的增加有许多后果，它影响着社会和保健政策，也影响着市场销售和生产决策，它对提供服务的人、老年人家属、老年人本身以及社会全体都有深刻的影响，因为我们都指望活得比以往几代人的正常寿命更长[1]，活得更有尊严。总之，老年人及老龄化问题是一个社会问题，是科学与社会互动的社会问题。

（二）老龄化是一个文化问题

文化是一个复杂的问题，文化是“显示在行动及制造物上，表明社会特性的习惯的理解力”[2]。一般地，文化包括态度、价值观和信念。文化价值是人们意愿中共享的观念，是为社会群体成员所接受（明确或不明确地）并因此影响其行为举止的观念。我们每个人都要接受文化评价人类行为的范畴和标

---

❶ 党俊武：《老龄化社会引论》，华龄出版社，2004，第19页。

❷ ［美］P. K. 博克著，余兴安，彭振云，等译：《多元文化与社会进步》，辽宁人民出版社，1988，第11页。

准的检视。文化的内在价值可以引导人，影响发展政策、安排和计划，这是一种非常有意义的方式[1]。老年人是“包袱”，还是“财富”，反映了两种截然不同的老年价值观。正视我国的老龄化可能比解决任何其他问题都需要更大的政治勇气和智慧。如何判断老年人的价值，是衡量一个国家、一个民族文明程度的重要标尺。非洲谚语说：“当一个老人去世，一座图书馆也随之消失”，这形象地表达了“老年人是财富”的老年文化、老年价值观。一个社会对待老年人的态度会间接影响到经济文化活动，对一个国家老龄方面政策的取舍有很大作用。历史经验表明，文化不是一个自变量，文化受环境、政治、历史等多维度影响；文化是制度之母，文化直接影响着老龄化问题应对的制度设计和取向。

老年人作为现代文明发展结果的群体成员，其个体生命的意义是什么？生存的价值在哪里？老龄化社会的文化认同是什么？养老、孝老、敬老社会环境如何构建？老龄化社会孝道文化怎样传承？等等，这些都是文化问题，都是观念和价值观问题。一方面，老龄化社会的到来，使得老年人口占比增大，社会中非老年群体对待老年人的态度和人际交往准则，更容易引起关注和聚焦。社会中老年人逐渐增多，由于多数老年人节俭、诚实、耐心和顽强，影响了整个社会的经济文化取向和价值指向，影响着整个国家的价值观体系结构，将进一步影响经济和社会的持续健康发展。另一方面，老龄化社会的到来，意味着“前喻文化”向“后喻文化”的变化，代际文化差异很容易引起文化认同危机，引发对传统孝道文化、对“百善孝为先”的

---

[1] ［美］赛缪尔·亨廷顿，劳伦斯·哈里斯：《文化的重要价值作用——价值观如何影响人类进步》，新华出版社，2010，第43页。

传统观念的冲撞，这也意味着“不分年龄，人人共享”年龄平等文化价值诉求实现的重要性，以此检视以往社会文化价值观，引导社会、政治、法规制度，以适应于老龄化文化的转向。重构人类文化，建设匹配的老龄化社会价值观体系势在必行。老龄化对文化的影响是深刻久远的，中国要在增强综合国力的同时，从文化复兴的高度，认真对待老龄化给文化带来的挑战[1]，为民族文化复兴创造良好的养老、孝老、敬老的社会环境。

从传统价值观传承来看，老龄化社会的到来，意味着老年群体占比的增大，社会年龄结构发生变化，意味着价值评价主体和客体的天平发生倾斜。可以设想，一个年轻型或成年型社会与一个老龄化社会、一个老龄社会，特别对于中国未来几十年老年人口占比将达到30%以上，甚至更高的社会结构，社会的主流价值观和未来的发展方向是截然不同的。在这样的社会中，老年伦理道德观影响整个社会伦理道德观的中心地位和主导作用毋庸置疑[2]。问题是老年人群如何发挥作用？在哪些方面发挥作用？怎样发挥其传统价值观的传承作用？如何引导老年人讲好中国故事，发展优秀文化，传播良好的中国声音？这是全社会都需要思考和回应的现实。十九大报告强调，深入挖掘中国优秀传统文化的思想、人文精神和道德标准，“激励人们向上向善、孝老爱亲”[3]。老年群体在传承思想观念、道德规范、孝老爱亲方面具有得天独厚的优势。

在老龄化社会的今天，老年人在社会风俗、习惯、历史和

---

[1] 党俊武：《老龄化社会的革命——人类的风险和前景》，人民出版社，2015，第130页。

[2] 廖小平：《伦理的代际之维——伦理分析的一个新视角》，博士论文，湖南师范大学，2003年，第72页。

[3] 习近平：《决胜全面建成小康社会 夺取新时代中国特色社会主义伟大胜利——在中国共产党第十九次全国代表大会上的报告》，2017年10月18日。

礼仪、技能知识传承方面；在价值观念、生活方式、行为方式、情感方式和语言习惯方面[1]；在代际关系维系、传承传统价值观方面有更适合的社会环境和适应的土壤来发挥作用，“老年人有对文化进行修改的权力”[2]。老年群体常常不仅在思考当前，也在思考家庭、国家、民族的未来。实践表明，老年人在引领学科发展方向，在传承积累的经验、智慧和价值观等方面具有无可替代的作用。更多的老年人也愿意把传承传统价值观看作他们的责任与快乐所在。当今中国，老龄化引发的代际之间的道德传递和示范是道德教育实践证明了的有效形式[3]。在社会思想多元化的今天，让孝爱文化进家庭、进社区、进每个年轻一代的脑海和心中，倡导优良家风、家训的传承实践，让广大民众在生产、生活中去具体感知、自觉实践传统美德、传统价值观、道德观，去找到自己的权利和义务，找到生活规范和标准，这将为实现中国梦提供强大的精神支撑。

老年人有满足他人需要的价值，自身存在和发展也是一种价值[4]。事实上，传统的德孝元素、价值观，相互作用、相互促进，在社会治理中发挥着凝聚共识、汇集人心的重要作用[5]。进入老龄化的今天，老年群体在家庭、社会和实践中用中华民族的优秀伦理道德去教育、塑造下一代，这正是老年群体应承担的传承优秀文化的责任所在。同时，价值观的传承作为老年

---

❶ 廖小平：《伦理的代际之维——伦理分析的一个新视角》，博士论文，湖南师范大学，2003 年，第 85 页。

❷ ［美］玛格丽特·米德著，曾胡译：《代沟》，光明日报出版社，1988，第 36 页。

❸ 廖小平：《伦理的代际之维——伦理分析的一个新视角》，博士论文，湖南师范大学，2003 年，第 112－113 页。

❹ 季明：《核心价值观概论》，人民日报出版社，2013，第 8 页。

❺ 黄亚平：《用德孝文化推动核心价值观落地生根》，《时事报告》，2015 年第 7 期。

人保障的重要而宝贵的伦理资源，中国得天独厚，对中国现代化建设更具有特别重大的意义，既适合国情又为国情所需要[1]。老年群体对于引导年轻一代的文化自信和价值观自信责任重大。如何学习、传承、弘扬传统价值观，让他们在新时代展现活力，也是时代的责任和要求。

第二节　老龄化是现代化的结果

老龄化与现代化进程息息相关，全球性发展的一种特征就是老龄化成为现代化的标志[2]。老龄化如何成为现代化的标志和结果呢？老龄化与现代化有怎样的关联性？这里需要加以明晰。

一、老龄化是社会现代化的必然

伯尔丁把人类史分为文明前社会、文明社会和文明后社会三个阶段[3]。当今正处于文明后社会发展中。事实上，人类历史正转入一个新的时代，人口正朝着低出生率、低死亡率的方向迈进，正进入一个新的平衡[4]，也逐渐进入一种新的文明社会。

老龄化是20世纪以来蔓延全球的人类社会形态、社会文明的一场革命。工业化、现代化、城市化和科学技术等的发展创造出了新型社会[5]。人口老龄化不是偶然的，也不是孤立的，

---

[1] 廖小平：《伦理的代际之维——伦理分析的一个新视角》，博士论文，湖南师范大学，2003年，第165页。

[2] 彭希哲：《应对人口老龄化要有新思维》，《人口与计划生育》，2015年第7期。

[3] 李建新：《中国人口之殇》，云南教育出版社，2013，第1页。

[4] 李建新：《中国人口之殇》，云南教育出版社，2013，第1－2页。

[5] 党俊武：《老龄化社会引论》，华龄出版社，2004，第1页。

而是整个社会发展、社会进步的一个重要阶段，同样，也是人类进化的必然阶段，也就是说，老龄化离不开社会发展，离不开工业化、城市化和信息化，没有一个民族、没有一个国家出现单纯的人口老龄化现象。[1] 第二次世界大战以来最为重要的社会发展成果之一就是世界范围内的死亡率降低，现代医学科学技术的发展、生活质量的提高和社会保障制度的实施使人类寿命普遍延长[2]。人口转变的终极动因是现代化，老龄化是由于城市化、工业化、现代化引起的，老龄化是现代化的重要标志，实践中需要因势利导，积极发挥老龄化在现代化进程中的正效应。

当一个国家实现了工业化，而人口又趋于老龄化时，这个国家就会更加精心地研究和发展各种不同的社会保障制度，以保证老年人有一个幸福的晚年。老龄化是现代化的重要标尺，也是现代文明的体现。社会学家英格尔斯所担心和正走近的是：现代化过程中最普遍也是绝对不可避免地助长一种老年人不再是被崇敬的对象、年高也不能成为受尊敬的理由的年轻文明[3]。事实上，缺乏人文精神，缺乏对弱势群体的终极关怀和真情的现代化也是残缺的现代化。现代化和现代文明要求走出老年歧视，给予每个成员人格的肯定，给予弱势群体极大的关照。

世界上老龄化严重的国家，如日本、英国、瑞典等，没有因为老龄化而出现经济退步、社会停滞不前；而没有进入老龄化或老龄化程度较低的非洲和拉美地区的国家，如南非、尼日利亚等国家，没有因为老龄化的迟滞而使经济快速发展。只能

[1] 黄润龙，陈绍军：《长寿的代价——老龄化对社会经济的影响研究》，社会科学文献出版社，2011，第 19－20 页。

[2] 彭希哲：《应对人口老龄化要有新思维》，《人口与计划生育》，2015 年第 7 期。

[3] 刘同昌：《面对银色浪潮：明天我们如何养老》，华文出版社，1999，第 49 页。

说明，经济越发达、现代化程度越高的国家，人民的社会发展水平越高，人的寿命越长，才越有可能进入老龄化社会，也足以说明，人口老龄化是社会进步的标志，是文明的象征❶。历史和经验表明，实现现代化越晚的国家，现代化的发展速度越快，老龄化的速度也越快❷。人口转变对促进现代世界的形成、城市化与城市增长、社会经济发展等有重要作用❸。老龄化是工业革命（并行发展）的产物，是人类社会文明进步的展现。因此，无论是同步式老龄化过程，还是超前式老龄化过程，两者都是人类文明进步的产物，并因此具有进步性的品格❹。由此可见，老龄化是现代化的标志，是现代社会文明进步的表现，是社会现代化的必然趋势，现代化是老龄化的结果和诱因。

二、老龄化与现代化的关联

什么是现代化？关于这个问题有很多讨论，其聚焦描述的是现代发生的社会和文化变迁的现象。在艾伯特·马蒂内利看来，现代化是一系列大规模变迁过程的总和，通过变迁，特定社会因此获得现代性所特有的经济、政治、社会和文化特征❺。中国现代化总体布局（三个现代化→四个现代化→三大建设→一个中心，三个坚持→三位一体→四位一体→五位一体总体布局）是经历多次探索，不断完善走过来的，经历了 60 多年（从 1956 年开始）的实践、探索、创新之后所形成的一种局

❶ 施祖美：《老龄事业创新社会管理》，社会科学文献出版社，2013，第 252 页。

❷ 陈卫：《国际视野下的中国人口老龄化》，《北京大学学报（哲学社会科学版）》，2016 年第 6 期。

❸ Dyson，Tim：Population and Development：The Demographic Transition [M]. London：Zed Books Ltd，2010.

❹ 党俊武：《老龄化社会引论》，华龄出版社，2004，第 80 - 81 页。

❺ [意] 艾伯特·马蒂内利著，李国武译：《全球现代化——重思现代性事业》，商务印书馆，2010，第 8 页。

面。中国现代化的进程决定了老龄化的必然性及其表现形式和应对方式。

（一）老龄化是现代化的必然结果

发达国家人口演变的逻辑顺序大致是：传统社会→工业社会→后工业社会。这表明经济发展是人口年龄结构变动的根本的、决定性的因素，影响着人们的生育行为、死亡和迁移行为。老龄化与现代化进程相伴而生，现代化是人口转变的终极动因。人类的生育、死亡、迁移行为，从高生育、高死亡、高增长转为低生育、低死亡、低增长（甚至负增长）。城市化和工业化的结果之一就是大家庭的破裂。在现代化推进的过程中，年轻的家庭成员都不得不外出寻找工作，这对老年人来说意味着两件事：他们可能被留下来，因为他们不想离开他们熟悉的环境；他们可能随着成年的子女一起迁移。家庭分居不管是出于什么原因，都意味着老年夫妇或老年人失去从他们的成年子女那里实际上或可能得到的帮助。他们也可能失去通常的家庭权威和社会地位。如果他们和有工作的子女一起生活，健康状况的重大变化，尤其是需要在上班期间持续或长期照顾，可能成为家庭内部关系紧张的一个根源，可能迫使子女为老年人寻求收容机构的照顾[1]。利奥·西蒂斯的研究认为，老年人的地位与一个特定社会的技术水平、社会经济的多样化和职业的专门化（或现代化）成反比[2]。麦吉尔和霍姆斯把老年人地位降低的现代化特点归结为四个方面：保健技术；应用于经济生产和分配

---

[1] ［美］P. 塞尔比，M. 谢克特主编，新蔚，黄育馥，译：《老龄化的二000年——对社会的挑战》，生活·读书·新知三联书店，1987，第9页。

[2] ［美］N. R. 霍曼，H. A. 基亚克著：《社会老年学——多学科展望》，社会科学文献出版社，1992，第47页。

的科学技术；城市化；有读写能力和群众教育❶。这种理论在国（境）内外老龄化实践中得到了一些经验的支持。随着现代化的发展，特别是老年人在得到诸如社会保险、公共教育、新闻媒介等公共政策的支持或影响下，老年人的经济社会地位又会有所提升。

总的来看，现代化下的经济、福利、医疗条件优越，疾病的发生的大大减少，死亡率降低，人的预期寿命延长；现代化发展使人们更注重生活品位和质量，人们从生产消费转向生活、教育消费；现代化进程加快了人们的生活节奏，增加了社会竞争，养育多个子女精力不足，导致生育观念转变，出生率大大下降；现代化速度越快，生育率水平也就越低❷，对于人口结构的冲击、对老龄化的加剧就越明显和严重。

在工业化和现代化的发展中，社会的大部分人口从农业转移到工业中来，使助长生育的家庭市场方式被刺激节育的工业社会生产方式所取代，导致人口出生率下降❸。人们的生育观随着工业化而改变。因为，人们远离家庭，无暇照顾子女。人口老化是由人口低出生率所导致的各种社会问题的比较集中的体现。因此，作为人口转变结果的人口老龄化又是现代化的同义语❹。可见，老龄化是现代化发展到一定阶段的产物，是现代化的必然结果。现代化的一项重要指标就是人们健康长寿，就是老龄化，现代化与老龄化密切相关。

---

❶ ［美］N. R. 霍曼，H. A. 基亚克著：《社会老年学——多学科展望》，社会科学文献出版社，1992，第 47 页。

❷ 段晓婧：《中国的现代化与人口老龄化的关系》，《山西师范大学学报（社会科学版）研究生论文专刊》，2011 年第 5 期。

❸ 王渊明：《历史视野中的人口与现代化》，浙江人民出版社，1995，第 216 页。

❹ 党俊武：《关于我国应对人口老龄化理论基础的探讨》，《人口研究》，2012 年第 3 期。

（二）我国现代化决定了老龄化的必然性

老龄化是我国现代化进程中的基本国情。我国正处在现代化的进程中，年轻人从农村被吸引到城市地区，年老的双亲和祖父母被留在农村，由此引起代际分离和家庭关系的冲击，年轻人在地理和职业上的流动反过来导致几代人之间的社会距离增加和老年人地位的变化，以及城市和农村老年人口占比情况的变化。发达国家的工业化、现代化发展表明，进入现代化社会人们的生育行为出现如下变化：生育意愿下降；晚婚晚育；不婚不育上升。上述三种不可逆转现象在中国城乡已经同时出现。与生育率下降相伴而生的是与老年保障有关的：家庭结构小型化、核心化不可逆转；家庭养老功能弱化不可逆转；老年保障成本增加不可逆转[1]。

我国现代化建设决定了老龄化的必然性，也决定了老龄化问题发生及其解决的可能性。现代化必然带来老龄化的加快，这是已被世界证明的普遍规律。现代化不仅决定着老龄化的发展，而且还决定着老龄化的速度[2]。我国未完成工业化、现代化、城市化进程却已进入老龄化。老龄化在一定程度上是由于城市化、工业化、现代化引起的，因为在这样的过程中，引起了流动人口从农村走向了城镇，必然加剧了农村老龄化的程度。中国人口的急速转变，带来了人口结构的急剧老化。我国人口的流动，推动了城镇化和现代化的进程，引发城乡老龄化的发生与对比倒置。中国的老龄化是城镇化和经济社会现代化转型的结果。

从我国和发达国家老年人口结构的现代化中演变逻辑、生

---

[1] 郑功成：《积极、理性地应对人口老龄化》，《群言》，2013 年第 7 期。

[2] 郑金海：《中国人口老龄化与现代化》，《人口学刊》，1998 年第 4 期。

活方式、生育行为的改变来看，老龄化与现代化具有较强的关联性。现代化也为老龄化的发生提供了前提条件和物质储备，老龄化伴随着各国的城镇化进程和经济社会现代化的转型，我国现代化发展必然带来老龄化的发展和加剧。

（三）我国现代化模式决定了老龄化的表现形式和应对方式

我国的现代化进程不同于美国、日本等国家和中国香港、台湾地区，现代化模式决定了老龄化的表现形式，决定了老龄化问题应对的基本路径和方式。实现国家现代化，是数代人所追求的核心目标和面临的核心问题。习近平在十九大报告中指出："到本世纪中叶，建成富强民主文明和谐美丽的社会主义现代化强国。"从中华人民共和国成立以来看，中国在现代化进程的不同阶段，社会生产力引起的生产方式变革不同，现代化水平和表现模式也不同，由此决定了人们的生产、生活方式和生活水平、思想观念等方面的不同。各阶段人口结构、流动，老龄化进展速度、老龄化也呈现出不同特点。简而言之，我国的现代化模式决定了老龄化的表现形式。

从老龄化问题应对方面看，国家、社会、家庭层面所能够采取的措施、手段和应对能力、方式由于现代化进程的不同而不同。就老龄化所涉及的养老问题来看，在中华人民共和国成立之初，通常的观念和做法是把养老问题看成家庭问题；在社会主义建设初期，很多人认为，养老问题是国家问题，应由政府承担养老的责任；随着改革开放的发展，养老责任又回归了家庭；近年来，随着我国老龄化、现代化的发展和福利的社会化，养老的责任回到了家庭和国家、社会共同负担的新阶段。很显然，养老的问题由谁来承担，主体责任在谁，直接制约着社会发展的速度和方向，影响着现代化的进程。在中国，绝大多数的人固有的观念依然是老年人应该在家庭中颐养天年，安享晚年。但是，现实的问题是国家现代化和家庭的小型化与这种现实存在着冲突，难以调和。由此可见，我国现代化的模式决定了老龄化的表现形式、应对能力、条件和方式。现代化发展也表现出未来应怎样反映老龄化、适应老龄化的新情况、新问题。老龄化问题的应对可以结合新技术、新的生产力水平，在现代化的发展阶段采取不同的方式。在现代化和老龄化进程中，总的原则是要充分体现和应答这样一些问题：老年人的价值具体表现在哪里？如何能充分体现他们的价值？如何满足他们合理合情的诉求？老龄化社会向哪个方向发展？总的方向是：一方面，好的老龄化社会应该让老年人觉得舒服，得到获得感与认可，让老年人对终老不感觉孤单，也不畏惧；另一方面，政府、社会、年轻人感觉负担不重，多方利益能够在互动中得以调和。

第三节　老龄化对家庭和经济社会发展的影响

在中国，老龄化进入快速发展阶段，传统家庭养老功能被打破，老龄化问题对家庭的影响日益凸显。

一、老龄化对家庭的消极影响

老龄化的到来，不仅意味着老年人占比的增加，而且意味着家庭人口结构的变化，意味着家庭养老方式的变化和孝文化的重新洗礼。

（一）传统家庭养老和孝道文化受到冲击

家庭是每个人，也是每个老年人生活的最基本单位。长期以来，中国家庭承载养老的基本功能，大多数老年人在家中安度晚年[1]。它以家庭单元为核心，以血缘、地缘、亲属及其他社会关系为纽带，以传统孝道和尊老文化为支撑[2]。这种“反馈模式”不同于西方的“接力模式”。传统家庭具有生产、消费、生育、抚养、教育和养老等功能[3]。在老龄化进程中，我国家庭结构发生了重大变化。如前所述，随着老龄化的加重，我国老年抚养比逐年增高，家庭和全社会的负担相应加重。现代家庭以“421”结构为主流，这样的结构意味着一个家庭的当代年轻人或未来的年轻人要承担上有老和下有小的家庭责任，满足4个老人，甚至8个老人的经济赡养、日常生活照料和精神慰藉需要。通常的结果是，忠孝双全难，年轻人显得力不从心，无论时间上还是精力上都是令人无法承受的，特别是卧床带病的老年人，子女难以照护，家庭养老的功能趋于弱化，养老问题形势严峻。

传统家庭养老以社会孝道和孝爱文化为保证，具有鲜明的以老为贵和尊老敬老的特征。但是随着城镇化、工业化的发展，传统敬老、养老的伦理道德必然受到效益主义、拜金主义以及自由主义等新的价值观念的挑战，一些家庭成员之间的关系因物质利益而变得冷漠，子女与老年人的关系开始变得紧张，家庭的互助精神、家庭意识、血缘情感等养老观念受到冲击[4]。正如玛格丽特·米德所指出的那样：“你应该明白，在这个世界上我曾经年轻过，而你却未老过；在今天这个世界上，我是

---

[1] 老龄问题国际讨论会文集中文版编辑组：《老龄问题国际讨论会文集》，劳动人事出版社，1988年2月版，第38页。

[2] 苏保忠：《中国农村养老问题研究》，清华大学出版社，2009，第1页。

[3] 丁文：《家庭学》，山东人民出版社，1997，第326－366页。

[4] 苏保忠：《中国农村养老问题研究》，清华大学出版社，2009，第36页。

年轻的，而你却从未年轻过，并且永远不可能再年轻”[1]，这种文化的冲突产生了代沟，并由此导致传统的孝道文化的根基发生动摇。在老龄化程度日益加剧的当代中国，传统的孝老爱老尊老敬老文化受到一定的影响。

（二）老年人在家庭中的角色地位相对弱化

在中国传统社会家庭中，老年人是家长，是权威，这种权威地位，随着家庭规模的变化和现代化带来的社会变迁已逐渐弱化。由于老年人口数量越来越多，人们越来越重视少年儿童[2]，家庭和社会对老年人的重视和尊重程度有一定的减弱，原来对老年人的优厚待遇，也难以再次普遍实现。甚至在家庭和社会中出现了把老年人口当作一种负担的错误现象，使老年人的价值和威望逐渐降低。老年人的行为和生活方式、经济支持、养老方式的选择等多方面更多的是顺从年轻人的意愿和取舍。经济上、社会交往上，甚至自己支配的资源，不论时间上、空间上更多的是以满足子女的愿望为落脚点。特别是仅有一个孩子的当代老年人，他们多数一切以子女和孙辈的生活、工作、学习节奏为轴心。为了晚辈的工作、生活方便，为了孙辈的学习方便，毫不计较自己的得失，无怨无悔，一切都是自己在承担，不到万不得已不轻易打扰或告知子女自己遭遇的困难或身体的病痛。在现代家庭中，对老年人的重视和尊重有所下降，老年人在家庭中一言九鼎、唯老独尊的情况发生了很大的变化。

---

[1] ［美］玛格丽特·米德著，周晓虹，周怡，译：《文化与承诺——一项有关代沟问题的研究》，河北人民出版社，1987，第74页。

[2] 王冰：《社会深层的人口效应与人口老龄化社会的影响》，武汉大学出版社，2000，第205页。

二、老龄化对家庭的积极影响

老龄化给家庭带来消极影响的同时，必须看到老龄化也给家庭带来了多方面的积极影响，表现如下。

（一）老龄化使更多的老年人有意愿主动承担家庭责任

随着老龄化社会的到来，由于家庭结构的变化，家庭规模的小型化，使得越来越多的老年人有条件、有精力在现代家庭中发挥独特的作用。特别是老年人在主流“421”家庭中的作用不可小觑。当今中国，这样的老年人在家庭中承担着照顾孙辈的重要作用，这种作用从孙辈的出生到幼儿园、到小学，甚至到中学时代老年人都承担着接送、陪伴、看护、辅导、知识传承、教育等多重功能。老年人在家庭中力所能及地发挥余热，为社会和家庭贡献力量。在农村，老年人除了上述可能的作用之外，还要承担着因子女进城务工不得不留守家庭，甚至从事着农业生产的职责。老年人对家庭、对子女、对孙辈的成长、发展做出了重要贡献。老龄化使老年人有条件、有意愿主动承担家庭责任。

（二）老龄化使家庭代际关系变得更加紧密

在现代社会中，在进入老龄化社会的今天，全国上下、各行各业都十分重视老年人问题。老龄化应对已成为国家战略。近年来，各级政府和社会聚焦老龄化，十九大明确要求，积极构建养老、孝老、敬老政策体系和社会环境。在这样的大背景下，使得尊老、爱老、敬老具有更好的社会氛围和保障，也为老年人与家庭和谐相处、子女常回家看看等都创造了良好的舆论和条件支持，使得代际之间的关系和谐相处更有保障。另外，老龄化的到来，意味着老年人的寿命更长，生育率的普遍降低，使得更多老年人，特别是健康的老年人能够更有经济条件、时间去关注年轻人的家庭，也使得绝大多数的年轻人去思考如何赡养自己的老人，去设计怎样才能让老年人的晚年更幸福快乐，这种双向的依赖使得家庭代际之间的关系一定程度上更加紧密，这样也有利于家庭的和谐和关系的维系。

古今中外历史充分说明，人口老龄化是社会经济发展的一项伟大成就[1]。老龄问题是当前世界普遍关注的一个重大社会经济问题[2]。潘基文指出："老龄化不仅对老年人个人及其家庭产生影响，而且触及更广泛的社会层面和国际社会。"[3] N. R. 霍曼和 H. A. 基亚克指出："老年人口的增加又有许多后果，它影响社会和保健政策，也影响市场销售和生产决策，它对提供服务的人、老年人的亲属、老年人本身以及我们全体都有深刻的影响，因为我们指望生活得比以往几代人的正常寿命更长。"[4] 老龄化对民生保障、经济发展、社会治理等方面都将产生全面、深刻而持久的影响[5]。这种影响是深远的、持续的，也是双向的，进入老龄化有机遇也有挑战，但是机遇大于挑战。

三、老龄化对经济社会发展的消极影响

社会经济的进步和发展导致了老龄化的产生，老龄化又反作用于社会生活、经济活动、社会关系等各个方面，既影响到

---

[1] 李旭初：《我的老龄观》，武汉大学出版社，2014，第10页。

[2] 老龄问题国际讨论会文集中文版编辑组：《老龄问题国际讨论会文集》，劳动人事出版社，1988，第100页。

[3] 姚远：《人口老龄化影响社会发展的理论框架》，《老龄科学研究》，2015年第4期。

[4] ［美］N. R. 霍曼，H. A. 基亚克著：《社会老年学——多学科展望》，社会科学文献出版社，1992，第19页。

[5] 江丹：《应对人口老龄化"六策"》，《学习时报》，2015年12月31日，第5版。

人类社会的现在，更影响到人类社会的未来[1]。

（一）老龄化使社保医保、国民经济负担增大，影响扩大再生产

1798 年，马尔萨斯的《人口原理》出版，人口由此成为重大的经济问题。1937 年凯恩斯在发表《人口缩减的若干经济后果》中强调，老年人口不断增加，必然导致全社会有效需求不足，对经济发展的影响是本质的[2]。“老人极易患病，又不易治好，需要最新的医疗技术与价格昂贵的药品。”老龄化社会是医疗花费的社会[3]。200 多年前，经济学家亚当·斯密就指出，促进国民财富增长的两大因素之一就是医疗健康。研究显示，在日本，老年人医疗花费是年轻人的 3.2 倍；在新加坡，老年人口在这方面的支出是年轻人的 5 倍；20 世纪 90 年代中期，我国 65 岁及以上老人的人均医疗支出是年轻人的 2.7 ~ 4.8 倍[4]。近年来，60 岁及以上老年人医疗费是未成年人的 6 倍左右[5]。随着老年人口的增多，一个国家或地区直接或间接用于老年人口生活相关费用、医疗保健资源、退休金及社会保险等费用势必增加，因此会影响国家和各级地方政府的财政支出和投资取向，使得预算中与发展相关的开支不得不紧缩，从而挤占了本来可用于经济发展的资金，影响了消费和产业结构的调

---

[1] 老龄问题国际讨论会文集中文版编辑组：《老龄问题国际讨论会文集》，劳动人事出版社，1988，第 52 页。

[2] 党俊武：《老龄社会的革命——人类的风险和前景》，人民出版社，2015，第 80 页。

[3] 日本经济新闻社编，冯朝阳，王晓民，译：《老龄化社会——无形的革命》，新华出版社，1987，第 143 页。

[4] 黄润龙，陈绍军：《长寿的代价——老龄化对社会经济的影响研究》，社会科学文献出版社，2011，第 1 页。

[5] 黄润龙，陈绍军：《长寿的代价——老龄化对社会经济的影响研究》，社会科学文献出版社，2011，第 33 页。

整，进而对经济和社会的进一步发展产生消极的影响。

另外，老年人主要依靠养老金和以前的储蓄来生活，他们一般不再进行投资储蓄，最多把已有的存款用于购买理财产品，变成纯消费者，这会影响消费需求的变化，减少资本形成，影响生产和投资[1]。截至 2014 年底，我国城镇职工基本养老保险有近 1 万亿的空账[2]。这样的空账有加大的趋势，必须予以高度重视。老龄化必然带来医疗保险、社会保险支出的增加。反过来，本来应该用于经济发展的资金受分配的制约而减少，又会导致各级政府财政收入的减少，甚至形成一种恶性循环。老龄化社会中老年人的个人储蓄主要用于医疗、保健和家庭用品消费，这些不仅影响了消费结构，减少了资本积累，而且在某种程度上抑制了经济发展。未来几十年，随着老年人口数量的递增（表 3－1），老龄化对产业结构、劳动力供给、扩大再生产、经济发展方式转变等都会带来巨大挑战。

表 3－1　“十三五”时期老龄化窗口期情况（单位：万人）[3]

时期	年均增加老年人口	老年人口占总人口比重年均增幅（%）
“十一五”	671	1.27
“十二五”	855	0.53
“十三五”	658	0.36
“十四五”	1040	0.66
“十五五”	1244	0.86
“十六五”	934	0.68

---

❶ 李红心：《人口老龄化与现代服务业发展关系研究》，北京师范大学出版社，2012，第 29 页。

❷ 张旭光：《延迟退休是应对老龄化挑战的必然选择》，《工会博览》，2016 年第 12 期。

❸ 数据来源：2006—2015 年《国民经济和社会发展统计公报》。

（二）老龄化导致劳动力供给不足，不利于现代化发展

国（境）内外实践表明，人口老龄化最终会带来劳动力老化，进而导致劳动力短缺。这种现象已经在一些国家显现。例如，20 世纪 60 年代日本年轻劳动力（15～29 岁）超过了总劳动力的 1/3，随着生育率的下降和老龄化的加剧，到 20 世纪 80 年代年轻劳动力占总劳动力的 1/4 左右[1]。德鲁克认为，适龄劳动人口与老年人口之比为 3∶1 是社会发展的极限，否则，将会严重影响经济的发展和社会的稳定[2]。我国 2017 年老年抚养比已经为 2.29∶1[3]，未来将进一步降低，这为经济和社会发展增加了一些风险。实践表明，在老龄化程度相对较高的国家或地区，社会负担率高，经济生产性低，不利于经济增长。2015 年，我国劳动年龄人口降至 9.11 亿[4]，而且到 2030 年以后将会出现平均以每年 760 万人的速度减少。我国 15～44 岁的青壮年人口 2010—2015 年在短短 5 年内就减少了 4500 万人[5]。随着年龄人口的结构老化，导致劳动生产率下降，社会总产出下降[6]，现代化、工业化进程减慢。图 3－1 所示为近几年我国劳动年龄人口变化情况。

---

❶ 韩鹏：《新时期我国人口老龄化问题——基于人口规模结构变化趋势及对经济社会发展影响的研究》，经济管理出版社，2015，第 116 页。

❷ 王冰：《社会深层的人口效应与人口老龄化的社会影响》，武汉大学出版社，2000，第 202 页。

❸ 根据国家统计局 2018 年 2 月 28 日发布的年度统计公报数据计算得来。

❹ 彭希哲：《应对人口老龄化要有新思维》，《人口与计划生育》，2015 年第 7 期。

❺ 张燕：《我国人口老龄化的挑战与机遇》，《经济研究参考》，2016 年第 56 期。

❻ 黄健元，王欢：《人口老龄化对经济社会发展的影响及其对策研究——以江苏省为例》，科学出版社，2013，第 35 页。

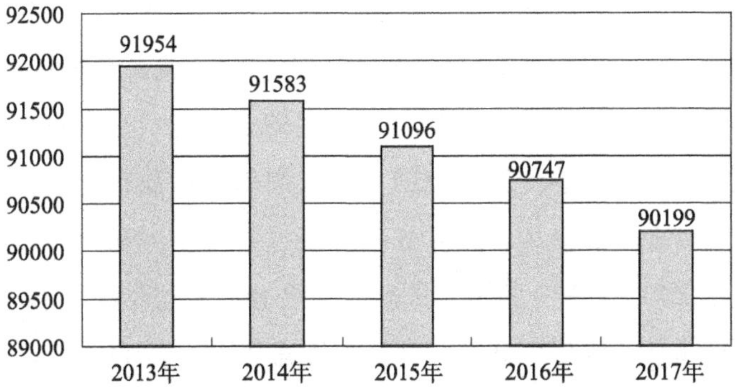

图3－1 近几年我国劳动年龄人口变化情况[1]（单位：万人）

另外，劳动力结构的老化也会对劳动生产率产生冲击（从人的自然性质上来说，人老了，体力下降，动作迟缓，人脑思维能力和记忆力衰退，不可避免地使劳动生产率下降），给现代化、工业化进程和经济发展带来一定的消极影响。

（三）老龄化带来一些新的社会矛盾

人口老龄化是重大的社会问题。老龄化带来了社会矛盾结构的变化，人口结构中少儿、青壮年、老年人主体发生变化，出现新格局，并引发家庭结构、城乡结构、就业结构、社会组织结构发生深刻变化，产生系列矛盾。索维指出："存在这样一种风险，那就是老年人不断增长的需求可能不会剥夺成年人的需求，而会剥夺儿童的需求。修建住房和医院的经费本来是可以用于修建学校的"，[2] 这凸显了老龄化社会容易发生的一种代际之间的矛盾。老龄问题也是老龄化社会条件下许多社会矛盾的重要根源，加剧代际矛盾和代际冲突，并带来一些新的社会矛盾，如教育结构、就业问题、收入分配问题、住房问题、

[1] 根据国家统计局近年来的统计公报人口数据汇总。

[2] ［法］阿尔弗雷德·索维：《人口通论》（下），商务印书馆，1982，第77页。

农村空巢老年人问题、庞大失能老年人的照顾问题、社会活力问题等。老龄化带来的社会问题涉及所有人，老龄化推波助澜，带来了一系列的家庭社会问题。家庭的小型化、高风险化、生育观变化，冲蚀着传统家庭的功能。亲属关系面临巨变，延迟退休与就业矛盾呈现，收入分配格局逆转，住房和公共设施面临转型，“广场舞”的尴尬折射的不是老年人与年轻人的矛盾，而是城市建设滞后于老龄化社会的要求[1]。老年负担系数增大，极易诱发代际利益矛盾，影响社会和谐稳定[2]。

在老龄化社会很容易产生一些不同于非老龄化社会的矛盾，如老年人增多，增加了家庭和社会照料的难度，老年人的需求差异性与现实供给性的矛盾；老年人医疗资源的大量占用与医保缴费之间的矛盾；由老龄化衍生的代际矛盾时有发生，如在日本，“臭老头”的用词，在韩国“老人虫”“税金虫”的说法，在中国，“老不死”等称呼都是一种“厌老”的矛盾显现；年轻人赡养老人与抚养子女的支出矛盾；老年人长寿与疾病缠身的矛盾；等等，这些矛盾对经济发展、社会和谐都是重要隐患。

四、老龄化对经济社会发展的积极影响

老龄化对经济社会的影响并非都是负面的，需要以辩证的眼光、科学的态度来看待老龄化问题，这样才能变挑战为机遇，才能尽力克服或消除其消极影响，抓住机遇，化弊为利，有效应对。

---

[1] 党俊武：《老龄社会的革命——人类的风险和前景》，人民出版社，2015，第120页。

[2] 李志宏：《中国人口老龄化问题及应对策略》，《紫光阁》，2016年第10期。

（一）老龄化促进了老年相关学科的发展

老龄化促进了近代一些涉老学科的发展❶。1909年老年医学诞生，人们还没有认识到老龄化现象，尽管它早在1850年就已经发生了。现代老年学诞生的标志是1950年国际老年学会成立❷。人口老龄化促进了科学的发展。由于老年人口的比重较小，以前的自然科学、思维科学和社会科学的基本部类结构中很少有反映老年人需求的科学分支或内容。由于大量老年群体社会实践经验的总结逐步增多和加强，老年人群体的需求在各方面相应产生，迫切需要老年方面的科学知识来指导老年人的社会实践活动。这样，原有的科学结构与日益增多的老年人需求的矛盾日益显露，迫切需要突破原来的科学结构。于是，在自然科学领域出现了诸如老年医学、老年生物学、老年病学、老年养生学和康复学等学科；在思维科学领域，出现了老年思维学、老年逻辑学等学科；在社会科学领域出现了老年人口学、老年社会学、老年教育学、老年历史学、老年地理学、老年哲学、老年法学等学科❸。总之，老龄化促进了科学结构的逐步完善和发展，从而推动了社会文明和进步。近年来，老龄化也促使我国老年社会学、老年病学、老年教育学、老年康复医疗技术、人工护理机器人技术也得到了快速发展。

（二）老年群体能发挥自身优势为和谐社会做贡献

老龄化背景下的大量老年人在家庭、经济发展、社会稳定方面可以发挥这一群体的重要作用。老龄化社会孕育着安宁、

---

❶ 党俊武：《老龄化社会引论》，华龄出版社，2004，第8页。

❷ 党俊武：《老龄化社会引论》，华龄出版社，2004，第11页。

❸ 田雪原，王金营，周广庆：《老龄化——从“人口盈利”到“人口亏损”》，中国经济出版社，2006，第269－270页。

几代人的融合等未来文化的内容[1]。晚年不是人生的尾声，而是创新人生的另一个周期。这种老年哲学的兴起使得老年人的退休生活变得多样化[2]。老年人可以在如下方面继续为社会做贡献：为原单位提供咨询服务；延缓退休，继续任职；组织老年智囊团体，提供技术、政策、法律咨询服务；在家庭职能和家庭生活中起指导作用；利用自身技术和特长开办专题公益讲座；著书、行医等。

亚里士多德曾经指出，人口老龄化的出现对于社会政治进程产生了新的影响，成为影响政治进程的一种新的制约因素[3]。老年人具有经验和智慧的优势，思想和政治的优势，资历和声望的优势，社会关系和社会资源的优势。老年人可以为整个社会——家庭、商业发展、志愿服务、社区、老年人组织等方面做出积极的贡献[4]。近几年，我国离退休科技人员高达500万人，每年还以8%的速度递增[5]。他们在科学和文化方面大多都很有造诣，完全可以发挥优势，为社会发展和稳定做贡献。问题的关键是要充分为他们老有所为提供桥梁和舞台，充分挖掘和利用老年人力资源的宝贵财富。

（三）老龄化促进了产业成长，带来经济发展的新动能

老龄化不利于个人储蓄和资本积累，但老龄化会激发消费

---

[1] ［日］日本经济新闻社编，冯朝阳，王晓民译：《老龄化社会——无形的革命》，新华出版社，1987，第5页。

[2] ［日］日本经济新闻社编，冯朝阳，王晓民译：《老龄化社会——无形的革命》，新华出版社，1987，第129页。

[3] 王冰：《社会深层的人口效应与人口老龄化的社会影响》，武汉大学出版社，2006，第247页。

[4] ［美］P. 塞尔比，M. 谢克特主编，新蔚，黄育馥译：《老龄化的二000年——对社会的挑战》，生活·读书·新知三联书店，1987，第13页。

[5] 黄润龙，陈绍军：《长寿的代价——老龄化对社会经济的影响研究》，社会科学文献出版社，2011，第14页。

基金的快速提升，从而刺激老年用品生产和相关市场的扩大，有利于促进产业结构优化升级。随着“60后”“70后”等人进入老年期，老年群体将对经济发展形成强大的推动力。据测算，到2030年，老年群体的消费总量占GDP比例将到15%～23%[1]。根据《中国养老产业发展报告（2017）》预测，中国老年产业规模在2030年将达22万亿元[2]，将成为国家一项重要的经济支柱。众所周知，我国面临经济发展的新常态，面临从外需拉动向内需拉动转变的特殊时期，庞大的老年人口的巨大消费需求，必然带动一系列老年金融、老年地产、老年旅游、老年服务等与银发经济相关的新兴产业的发展，并成为未来经济增长的新动力和增长极。人口老龄化将通过对需求结构、生产结构、投资结构、产业结构和产品结构的调整，促进社会保障系统包括保健、社会福利服务系统的完善、健全和发展，推进我国经济发展和现代化进程[3]。

老龄化直接影响出生人口减少，降低劳动力培养成本，促进产业结构的调整，引发大量人口流动，促进医疗保健和社会保险事业的发展；间接影响与人口老龄化相协调的科学技术的进步和知识经济的发展，降低了劳动强度，大幅度提高了劳动生产率等[4]。由于大量老年人的消费方式总体处于理性，他们多数有勤俭节约的生活习惯，愿意对废旧物品再利用，这在一定程度上促进了减量化、再利用、再循环的循环经济的发展，

---

[1] 李志宏：《中国人口老龄化问题及应对策略》，《紫光阁》，2016年第10期。

[2] 数据依据2018年2月5日我国首本康养蓝皮书《中国康养产业发展报告（2017）》发布会。

[3] 黄润龙，陈绍军：《长寿的代价——老龄化对社会经济的影响研究》，社会科学文献出版社，2011，第6页。

[4] 黄润龙，陈绍军：《长寿的代价——老龄化对社会经济的影响研究》，社会科学文献出版社，2011，第28页。

为我国生态文明建设和可持续发展做出了贡献。

第四节 老龄化对科技创新和技术进步的影响

老龄化对于科技创新和技术进步，乃至劳动生产率都有重大影响。影响包括积极和消极两个方面。

一、老龄化对科技创新和技术进步的冲击

老龄化对劳动生产率和科技创新、技术进步等方面带来了负面影响，并已初步显现出来。

（一）人口结构老龄化对劳动生产率产生负效应

国（境）内外研究表明，达到一定年龄后，劳动效率开始下降，老年劳动者的劳动生产率是随着年龄的提高而下降的[1]。一般来说，老年劳动力的反应慢，节奏迟缓，适应能力，特别是适应新设备、新技术能力差，对提高劳动生产率不利，对经济技术进步产生不利影响。这种不利在技术更新迅速及劳动强度较大的行业或部门表现得尤其明显。另外，年长劳动力容易出现疲劳、因病休假等现象，由此会加重企业的经济包袱，不利于扩大再生产，影响劳动生产率的提高[2]。一方面，劳动力人口萎缩，迫使有些用人单位不得不招聘年长者、年老者；另一方面，劳动力老化，劳动生产率提高和经济发展的竞争力受到影响，因此，人口结构老化对经济的良性发展会产生不利影

[1] 苏春红：《人口老龄化的经济效应与中国养老保险制度选择》，经济科学出版社，2010，第80页。

[2] 苏春红：《人口老龄化的经济效应与中国养老保险制度选择》，博士论文，山东大学。2010年，第82页。

响[1]，对企业和全社会劳动生产率的提高带来负效应。

（二）老龄化不利于科技创新和技术进步

老龄化导致社会在医保、社保、社会福利等方面的消耗巨大，这不利于科技、教育改造等费用的增加。老龄化加重带来了人才的知识老化，不利于科技进步；老龄化加重不利于高科技及重大公关项目开展，不利于创新型产业的发展和成长。

首先，劳动生产率随年龄增长而消退。老年人随着年龄的增长，会出现体力下降、脑细胞减少、知识更新速度减慢的现象，对科技发展带来不利影响。

其次，在资源一定的情况下，老年人占有资源增大，就会挤占年轻人的资源[2]，不利于年轻人脱颖而出，甚至老年人资源闲而不用，会造成资源浪费且不利于科技进步。老年劳动者对新知识、新工艺的接受和适应能力具有明显的劣势。

早在20世纪30年代，美国心理学家李曼对244位化学家的研究成果进行分析发现，最高产的年龄段是30～39岁。同样，科学家丹尼斯对100位70～79岁和56位80～89岁的老科学家的科学成果进行研究发现，30～59岁时研究成果最多，60岁时减少20%，80岁时更少[3]。经济学家桑代克曾指出，进入50岁后，人们的能力和工作速度平均以每年1%～2%的速度下降[4]。

再次，劳动力老化不利于新技术革命。在掌握新技术方面，年轻人比中老年人更具优势。劳动者的心理变化对生产、技术

---

[1] 李建新：《中国人口之殇》，云南教育出版社，2013，第34页。

[2] 易洁：《人口老龄化与中国经济发展》，硕士论文，西南财经大学，2007年，第30页。

[3] 田森：《中国老龄问题研究》，浙江人民出版社，1988，第42页。

[4] 黄润龙，陈绍军：《长寿的代价——老龄化对社会经济的影响研究》，社会科学文献出版社，2011，第21页。

革命也有影响[1]。一方面社会发展需要大量的创新人才，依靠科技创新推动经济发展；另一方面，面对整体素质不高的大龄劳动力难以处理，他们在技术密集型工作领域毫无优势，发展技术密集型产业还不能操之过急，否则，大龄劳动力一旦失业，那就不是单纯的经济问题了。在进入老龄化的当下，中国转变发展方式和优化产业结构方面所面临的难度越来越大[2]。从老年人口整体来看，其创新的激情和动力相对较弱。美国斯坦福大学经济学博士梁建章（2013）认为，人口结构的变化对整个国家的创新氛围具有较为重要的影响。对社会有重要影响的美国企业，大多数是由富于创新的年轻人创建的，例如比尔·盖茨在20岁创建了微软公司，乔布斯在21岁创建了苹果公司，佩奇和布林在24岁创建了谷歌。但是，在老龄化严重的日本，没有涌现出具有同等重量级的优秀企业家，原因之一就在于处于老龄化社会的日本年轻人口减少，政策和资源向中老年倾斜，扼杀了年轻人的创业空间[3]。国际经验表明，老龄化不利于科技创新。

普遍的一个观点是，人的年龄一旦达到50～55岁，劳动生产率就开始下降，而且这个年龄段的人群进行技术革新和探索新技术的动力也会减弱[4]。对一些技术更新快、技术强度高的领域，研发从业人员有年轻化的倾向[5]。老龄化对技术进步有

---

[1] 老龄问题国际讨论会文集中文版编辑组：《老龄问题国际讨论会文集》，劳动人事出版社，1988，第29－30页。

[2] 党俊武：《老龄社会的革命——人类的风险和前景》，人民出版社，2015，第92－93页。

[3] 韩鹏：《新时期我国人口老龄化问题——基于人口规模结构变化趋势及对经济社会发展影响的研究》，经济管理出版社，2015，第118页。

[4] ［英］乔治·马格纳斯：《人口老龄化时代人口正在如何改变全球经济和我们的世界》，经济科学出版社，2012，第65页。

[5] 李军：《积极应对人口老龄化的经济发展战略选择》，《群言》，2013年第7期。

不利影响。

（三）大量老年人难以适应信息技术革命

在人口老龄化进程中，科学技术发展速度日益加快，科学知识不断更新，老年人由于衰老，记忆力、接受能力明显低于年轻人，对高科技适应能力相对较差，在高科技领域里会受到日益严重的挑战。老年人的知识和经验，难以适应科技发展的需要。在信息技术革命加快进行的今天，“互联网”“物联网”“云计算”已经与人类的生产生活密不可分。但是，在这样的“互联网+”时代却有大量的老年人，尤其是农村老年人对新科技漠视、排斥和恐惧，出现了诸如电脑不敢碰、短信不会发、微信不敢用等科技手段与老年人群体“相分离”的尴尬现象，造成老年人与科技间产生巨大鸿沟、老年人把高科技抛开的“时代错位”境地。这势必影响科技的普及和发展，也不利于科技产品的推广与运用。

二、老龄化对科技创新和技术进步的积极影响

人口老龄化对科技的影响主要是外生性的。例如，社会资源更多地用于老年人，只是对科技投入形成一定的挤占效应等，但人口老龄化对科技发展的内生性影响相对较弱。从科技上应对人口老龄化，不仅可以为提升自主创新能力提供动力，而且也为建设创新型国家明确了新目标。老龄化社会必须走科技创新之路，以便进一步发展和获得至今已经创新的技术并推广应用[1]。

（一）劳动力减少倒逼企业科技创新动力更足

当一个国家实现了工业化，而人口又趋于老龄化时，这个

[1] ［英］乔治·马格纳斯：《人口老龄化时代人口正在如何改变全球经济和我们的世界》，经济科学出版社，2012，第66页。

国家就会更加精心地研究和发展各种不同的社会保障制度，以保证老年人有一个幸福的晚年。尽管我国还在实现现代化的征程中，但是老龄化的大趋势不可阻挡，追求伟大复兴的中国梦不可动摇。在老龄化社会中，我国劳动力减少，要实现经济发展、社会进步，实现老年人的“五个老有”，就需要走科技创新之路，花费较少的人力推动越来越多的生产。劳动力供给的减少将激励企业，改进要素，加大技术创新，从而推动技术进步。在转变经济增长方式上，人口老龄化提供了倒逼性的动力。随着中国劳动力减少速度加快，迫使企业向依靠技术进步转变，发展不再主要依靠人力，使转变能够在人与技术协调发展的框架下，积极稳妥地进行，走技术创新之路，实现弯道超车将成为可能。必须根据人口老龄化的进程，妥善处理人和技术的关系，确保转变既能够利用现代科学技术，促进技术创新，建设创新型国家，实现科技强国之梦，又充分利用现有劳动力资源，促进充分就业，实现人力资源强国之梦[1]。实践表明，劳动力增长率下降的情况下，为了生存和发展，越来越多的企业会更加重视人才引进与培养，更加重视产品研发和科技创新，激发更多的技术进步。

（二）老龄化催生海量民生科技市场

技术进步与创新的主体是企业，企业的科技创新在于增强其生命力[2]。老龄化使得企业的劳动力供给存在一定的难度，这也使得大量民生科技企业以老龄化为契机，大力发展和运用相关技术研发和生产老年用品。随着社会的发展，年龄结构发生了变化，老龄化背景下老年人数量增多，老年人购买力逐渐

---

[1] 党俊武：《老龄社会的革命——人类的风险和前景》，人民出版社，2015，第182页。

[2] 杨坚白，胡伟略：《人口经济论》，社会科学文献出版社，2007，第64页.

增强，适用于老年人的各种产品大量出现，以及老年人对具有实用性、安全性、便捷性的为老、助老产品的需求增加，为老年人服务的医药、保健、公共服务以及金融、信息等民生科技需求将不可限量。人口老龄化既是中国的重要人口国情，同时，也是重要的科技国情，从某种意义上说，建设创新型国家不是空中楼阁，发展适应人口老龄化要求的民生科技，将是建设创新型国家的重要目标，也是构建未来理想老龄社会的重要方面，更是占领全球产业市场的战略制高点[1]。老龄化已经促使我国很多企业、社会资本开始投资和研发老年产品，为未来我国产业结构调整、民生科技产业发展提供了千载难逢的良好机遇。当前，智慧养老、“互联网+养老”、人工智能，开展得如火如荼，在大量的社区居家养老和养老机构里逐步得到了推广和应用，不仅提升了为老年人服务的能力和条件保障，而且促生了老龄产业的迅速发展。

总之，从科学和社会发展的规律来看，老龄化社会的到来是历史的必然，也是广大民众追求美好生活向往、需求的结果，老龄化社会是一种理想的社会。需要明确的是，老龄化问题不是单纯的人口结构变化的问题，老龄化问题是科学、哲学问题，是社会、文化问题，是与现代化、工业化息息相关的问题，老龄化问题对家庭、对经济社会发展和科技发展带来的效应是双重的，必须对老龄化问题有清晰、全面、辩证的认识，在实践应对中才可以化弊为利、化挑战为机遇，实现老龄化社会和谐有序健康发展。

[1] 党俊武：《老龄社会的革命——人类的风险和前景》，人民出版社，2015，第241页。

第四章　老龄化问题应对的实践借鉴

老龄化是世界经济社会发展的趋势和必然结果，一个国家或地区或早或迟都要进入老龄化社会。早期进入老龄化的国家或地区，在处理老龄化问题上，有比较成功的经验，值得我们学习。相对来说，我国是较晚进入老龄化的国家，研究并借鉴一些较早进入老龄化国家或地区的应对经验是十分必要的。一方面，可以使我们少走弯路；另一方面，可以使我们从容有效地应对老龄化的负面影响。一些典型的国家或地区的老龄化问题常常也是不同的，其应对老龄化实践也有所侧重，但总的来看，也是基于科学与社会相互作用的层面，充分发挥科技创新的作用，辅之以良好的文化观念、制度体系来部署应对的，其侧重点在于科技创新、文化观念（制度）建设等方面，核心在于科技创新。下面主要分析不同地区和国家应对老龄化的特色实践，特别是科技方面，以借鉴其典型经验。

第一节　日本和韩国

作为我国的近邻，有着相似东方文化传统的日本和韩国，作为老龄化国家，在实践应对上有很多值得学习和借鉴的经验。

一、日本老龄化应对实践与借鉴

日本作为老龄化最严重的国家之一，其在科技创新、制度设计、政策布局上十分有特色。

（一）日本老龄化基本情况

1970年，日本65岁及以上老人占比在7%以上，从此进入老龄化社会；1994年，占比超过14%，转为老龄社会；2014年，日本老年人口达3296万，占比达25.9%[1]，步入超老龄社会；2016年，占比达27.3%。据统计，日本2016年男女平均寿命分别为80.98岁和87.14岁[2]。日本老龄化问题突出表现在少子化、高龄化、劳动力缺乏、经济发展乏力等方面。

（二）日本老龄化应对的典型实践

早在20世纪80年代，日本就把老龄化问题列入不利于日本发展的四大因素（另外三个因素是资源、能源、国际冲突的影响[3]）之一。日本进入老龄化已40多年，其在老龄化应对方面积累了大量的经验。日本应对老龄化问题的做法有很多，如合理开发老年人力资源；发展以养老设施为根本的养老院经济体系[4]；以高科技支持养老，利用IT技术实现预防、促进健康，广泛利用医疗护理机器人和生活支援型机器人[5]；依托社区建立“老年日托中心”，为行动不便、身体虚弱或存在某方面障

---

[1] 刘宁：《管窥日本养老：日本如何应对高度老龄化》，《家庭服务》，2015年第3期。

[2] 杨慧：《后老龄化时代，日本走向何方》，《经济日报》，2018年2月2日，第16版。

[3] 田森：《中国老龄问题研究》，浙江人民出版社，1988，第126页。

[4] 朱俊生，崔泽敏：《国外样本缓解老龄化之样本》，《财富》，2016年第9期。

[5] 马淑萍：《日本如何应对老龄化》，《山东经济战略研究》，2016第6期。

碍的老年人提供全方位的服务等[1]。其中，特别需要学习和借鉴的有如下两个方面。

1. 用大数据和智能机器人积极化解老龄化难题

在日本，随着老龄化的加剧，劳动力短缺问题凸显。日本政府和全社会都高度重视老龄化，为了积极应对老龄化，日本在科技创新，特别是在大数据和智能机器人开发和利用上超前部署，并取得了良好的应对效果，值得老龄化快速发展的中国学习和借鉴。例如，在大数据利用方面，日本建立了以老年人健康、家庭、医疗资源、为老年人服务的社会资源等为主要信息的大数据库，把对养老有意义的海量信息汇集其中，通过养老服务信息平台将老年人家庭及个人与各种为老年人服务的社会资源连接起来，使老年人在需要服务或救助时，将信息实时传递到服务平台，及时进行服务或救助，并通过平台对服务进行监管[2]。再如，因老年人口日益增多，为了解决专业护理人员短缺和老年人康复、陪伴问题，日本政府的经济部和劳动部双管齐下，前者推动相关技术的研发，后者推动机器人的普及。机器人已经完全进入了护理服务行业。日本企业开发了老年人自动排便器、智能护理床，可以防止褥疮，为掉床骨折、死亡事故提供报警[3]，康复类型应用机器人正在成为日本老年人生活当中不可或缺的好伴侣，无论是在养老机构，还是居家老年人。命名为“爱宝”“小辣椒”等的机器人不仅会动、好玩，会唱歌、跳舞、做游戏、按摩、读小说、事件提醒等，还可以

[1] 王诺，张占军，等：《机遇还是挑战？中国积极老龄化到来》，经济科学出版社，2014，第18页。

[2] 谭克俭：《智能养老：缓解未来养老压力的重要途径》，《中国人口报》2017年2月6日，第3版。

[3] 陈言：《日本人工智能养老模式：大数据与机器人》，《中国经济导报》2017年9月16日，第B03版。

陪老年人聊天，弥补护理人员短缺及减轻护理人员的工作强度，能帮助老年人延缓记忆衰退、辅助行走、康复治疗，给老年人带来了很多快乐，正在成为日本老年人生活当中不可或缺的好伴侣。更重要的是，智能机器人改善了护理人员的工作环境，避免工作人员受伤，提升了安全系数，也鼓舞了员工和老人们的士气。并且，新的工业增长已经形成，包括德国和中国在内的一些国家都在积极学习和引进，据预测，2020 年日本机器人产业产值将达 26700 亿日元❶。日本机器人产业填补了劳动力的短缺，促进了经济增长；所有的服务都直接提供给需要机器人服务和有能力消费的老年人和残疾人❷。

2. 完备的应对政策法规体系

为应对老龄化，日本创建了完善的养老、医疗、就业、福祉等方面的法规体系❸，颁布了《高龄社会对策基本法》《老年人保健法》《老年人福祉法》等❹。这些法规对日本国民福利保障、老年人服务机构设置、老年人权利和义务等提供了保障和规范，成为日本应对老龄化，养老、敬老、助老的法律依据❺，为支持和鼓励家庭照顾老年人提供了指导办法❻。日本主要的政策法规包括：1973 年实施的《老年人地方税扣除额法案》；1973 年实施的《国家老年人教育方案》；1982 年颁布的《老年

---

❶ 侯维铖：日本老龄化日趋严重 机器人承担护理重任？［EB/OL］. http：//tech. 163. com/photoview/0AI20009/16364. html.

❷ 穆光宗：《日本怎样用机器人产业应对人口老龄化》，《中国社会报》，2018 年 2 月 12 日第 007 版。

❸ 赵福军，吕紫剑，董丹丹：《看日本如何应对老龄化》，《经济日报》，2017 年 8 月 4 日，第 14 版。

❹ 曾征：《国（境）内外应对老龄化社会政策及标准化情况》，《标准生活》，2015 年第 12 期。

❺ 张晓林：《国外应对人口老龄化的做法和启示》，《中国民政》，2015 年第 8 期。

❻ 老龄问题国际讨论会文集中文版编辑组：《老龄问题国际讨论会文集》，劳动人事出版社，1988，第 421 页。

人保健法》（1990 修订）；1985 年修订的《国民年金保险法》；1985 年颁布的《老年人雇佣安定法》（2006 年修订）；1988 年实施的《国家老年人住宅保护方案》；1990 年修订的《老年人福祉法》；1994 年设计了 21 世纪社会保障体系；1995 年实施的《高龄社会对策基本法》；2000 年开始实施的《护理保险法》（2005 年修订）；2001 年实施的《关于确保老年人稳定居住的法律》[1]，等等。

近年来，还出台了一些新的政策法规，如《少子化社会对策基本法》（2003）；《高龄老年人医疗制度》（2008）；6 个战略领域的“新成长战略”（2009）；《继续雇佣制度》（2013）等。

在制度建设创新方面，特别值得关注的是，2000 年推出的《护理保险法》，标志着长期护理保险的实施[2]。日本的长期护理保险很有特色，受保者、地方和中央政府三者按照一定比例连带负担[3]；该保险是强制性和常规性的，担保了老年人生活服务的资金安排[4]；规定了参保者的身份、等级认定、给付方式、补偿措施等方面的内容[5]。照护保险制度，极大地减轻了家庭和社会的负担[6]。该制度规定：40 岁以上的国民为受保人，市町村为投保人。受保人分第一受保人和第二受保人，前者是

---

[1] 王彦军，张佳睿：《日韩 应对人口老龄化对策的经验及启示》，《人口学刊》，2015 年第 6 期。

[2] 李俐燕，王磊：《日本长期照护保险制度改革及启示》，《党政干部学刊》，2016 年第 11 期。

[3] 张彩玲，李书宁：《发达国家应对人口老龄化问题的经验研究》，《唐山师范学院学报》，2013 年第 3 期。

[4] 王彦军，张佳睿：《日韩应对人口老龄化对策的经验及启示》，《人口学刊》，2015 年第 6 期。

[5] 李俐燕，王磊：《日本长期照护保险制度改革及启示》，《党政干部学刊》，2016 年第 11 期。

[6] 刘宁：《管窥日本养老：日本如何应对高度老龄化》，《家庭服务》，2015 年第 3 期。

指住在市町村处需要被护理的65岁以上老人，他们可得到护理给付；后者是指居住地与前者一样并加入医疗保险的40～65岁的居民。受保人切合认定需护理，个人缴纳10%的护理费即可❶。日本保险法对日托中心人员安排方面做出了严格明确的规定，每家日托中心需配备30名工作人员，每人每天需工作6～8个小时。工作人员包括：院长1名，康复技能师1名，心理咨询师1名，护士1名，养老护理员4～6名（每5位老年人配备1名养老护理员），评估人员1名，厨师1～2名。日托中心平均每天上岗人数为9～12名，每天接送30名老人，需要3～4台车（每1台车需要1名司机和1名养老护理员）❷。

（三）日本老龄化应对借鉴

通过对日本上述典型做法进行分析，可以得到这样一些启示和借鉴：我国需要在老年人智能产品、护理机器人开发、推广方面早做安排，运用科技创新提高为老服务能力和水平，形成经济发展的新动能；必须完善我国一些涉老法规政策，如出台《老年人福祉法》《长期护理保险法》及完善养老房地产、金融、医疗等政策，出台税收、金融等优惠政策；需要对老年事业规划进行顶层设计，发挥政府、市场、社会和个人的作用；需要加快立法进程，以规范老龄产业发展和养老服务开展；需要借鉴日本通过制度化寻求养老的终极之路，加快养老法制化的进程❸，加快养老服务质量标准化建设。

---

❶ 李俐燕，王磊：《日本长期照护保险制度改革及启示》，《党政干部学刊》，2016年第11期。

❷ 王诺，张占军，等：《机遇还是挑战？中国积极老龄化到来》，经济科学出版社，2014，第18页。

❸ 《日本应对人口老龄化：压力、举措及启迪》，《中国社会报》2014年5月19日，第4版。

二、韩国老龄化应对实践与借鉴

韩国与中国差不多同时进入老龄化，面临很多相似的难题，无疑，借鉴韩国老龄化实践应对很有必要。

（一）韩国老龄化基本情况

2000年，韩国进入老龄化社会（65岁及以上老年人口占比达到7.2%）。韩国老龄化的速度极快，2012年65岁及以上老年人口占比达11.8%，预估到2060年，将上升到40.1%[1]。估计2018年，韩国将步入老龄社会[2]。韩国老龄人口增进速度快，农村老龄化问题凸显[3]。当前，韩国因老龄化导致劳动力缺乏，呈现出老龄化与高龄化、空巢化、少子化并行的态势。

（二）韩国老龄化应对的典型实践

韩国的老龄化情况与中国极为相似，老龄化都始于2000年，因此韩国老龄化应对的一些做法更有借鉴性。韩国采取了许多措施来应对老龄化进程，如大力发展老年友好产业；制订了“第三次低出生高龄社会基本计划”[4]；每年发布老年人生活情况专门调查报告；三种老年人福利供给模式有效并存，见表4-1。

---

[1] 王胜今：《东北亚地区发展报告（2012）》，吉林大学出版社，2013，第172页。

[2] 莽九晨，张金江：《改善劳动力供给减轻养老金压力：韩国西班牙积极应对老龄化》，《人民日报》，2010年5月19日，第22版。

[3] 陆继锋：《韩国应对人口老龄化的经验》，《学习时报》，2016年7月7日，第2版。

[4] 金宰贤：《韩国如何应对低出生率、老龄化?》，《21世纪经济报道》，2016年2月26日，第4版。

表 4-1 韩国三种老年人福利供给模式[1]

	官僚模式	市场模式	公共治理模式
主体	政府	供给方	合作网络
核心价值	合理性	效率性	信任
关键目的	有效实施政策	提高竞争力	提高生活质量
多元化关系	阶层	竞争	合作
国家作用	管制角色	规制角色	协调角色
资源利用	动员公共资源	利用民间技术	政府和民间资源融合
评价标准	投入	产出	变化
对消费者的认识	服务对象	消费者	参与和合作的关系
关心的焦点	制度	组织	关系
学术基础	政治学、行政学	经济学、管理学	社会学（网络、市民社会论）

韩国在很多学校开设了老年人生活实践体验课程，政府极度重视医护人员、家庭护理员、志愿者、老年人政策确立者等的培训等。这里特别值得关注的韩国应对老龄化的典型实践有：

1. 积极的人口政策，提高人口出生率

面对老龄化挑战，韩国政府积极调整了人口政策加以应对。20 世纪 90 年代因低生育率带来的负面影响，政府废止了 20 世纪 60 年代实行的“家庭计划”的人口生育政策。进入 21 世纪，为应对老龄化，政府采用鼓励、嘉奖生育政策。如杜绝堕胎，为积极生育者提供带薪休假，上调产假工资，为多子女家庭提供住宅等[2]。2006 年，推出《低生育·老龄社会基本计划》，加强生育、养育的社会责任[3]；同年，出台《第一次中长期保育

---

❶ ［韩］高京焕，姜志渊，等：《老人福利供给方式的变化及福利经营》，韩国保健社会院，2011 年版。

❷ 陆继锋：《韩国应对人口老龄化的经验》，《学习时报》，2016 年 7 月 7 日，第 2 版。

❸ 宋健，（韩）金益基：《人口政策与国情——中韩比较研究》，光明日报出版社，2009，第 25 页。

计划》，对满5岁的人园儿童实行免费[1]。一定程度上缓解了日益突出的人口结构矛盾。近年来，政府积极作为，鼓励、引导、帮助年轻人结婚、生育和拥有住房[2]。

2. 加强顶层设计，有效应对老年人贫困

在韩国，老年人贫困也是很普遍的。韩国老年人的贫困率在2011年达到48.6%。为应对老年人贫困，政府积极完善有关老年人的各种社保制度，并不断增设适合老年人的工作岗位，鼓励老年人就业和再就业[3]。韩国1990年成立了由总理领导的“老年福利对策委员会”，2004年成立了由总统领导的“老龄化与未来社会委员会”，专门制定老龄化应对方案。与1991年制定的“促进老年人就业奖励制度”对比，2007年又出台了雇主以“年龄大”为由拒绝招聘员工给予500万韩元罚金的规定[4]。这种奖罚分明的法律导向为老年人获取工作岗位、应对贫困带来了很好的效果。2008年，实施基本养老保险制度，鼓励老年人再就业，解决老年人的贫困问题。并且，政府创办了老年培训学校，以使老年人具备再就业能力，等等。

（三）韩国老龄化应对借鉴

通过以上分析可以看出，韩国的应对措施很有特色，给我国应对老龄化带来了一些借鉴和启示：需要进一步优化生育政策，特别是在当前二孩政策放开的大背景下，需要制定一些具体的可操作性强的生育优待政策；需要对二孩家庭的老年人给

---

[1] 王彦军，张佳睿：《日韩应对人口老龄化对策的经验及启示》，《人口学刊》，2015年第6期。

[2] 陈尚文：《韩国加紧应对老龄化难题》，《中国社会报》，2017年6月12日，第7版。

[3] 丁英顺：《韩国应对老年贫困的启示》，《中国人力资源社会保障》，2016年第2期。

[4] 丁英顺：《韩国应对老年贫困的启示》，《中国人力资源社会保障》，2016年第2期。

予一定的优待；需要高度重视老年人因老致贫、因病致贫问题，进行精准扶贫；需要完善老年人的福利制度，制定老年人就业促进法，大力培训老年人，让老年人有一技之长，实现再就业。

第二节　欧盟和美国

众所周知，欧盟国家普遍面临老龄化问题。在欧盟中，法国是最早进入老龄化的国家（1851 年，60 岁及以上老年人口占比达 10.1%；1971 年，65 岁及以上老年人口占比达 7.4%），随后，瑞典、挪威、英国[1]和德国逐渐进入老龄化[2]。欧盟作为部分发达国家的集合体，其现代化、工业化、老龄化较早，也很有特点，其在老龄化应对方面也有很多成功探索值得借鉴。

一、欧盟老龄化应对实践与借鉴

欧盟作为部分发达国家的集合体，其在老龄化应对方面有些一致的做法，也有一些很有特色的独立设计。

（一）欧盟老龄化基本情况

2000 年，欧洲老龄化率为 15.7%，2014 年上升至 18.6% 如图 4－1 所示，老龄化日趋明显，2015 年欧盟老龄化率达 18.9%，到 2050 年将达 27.6%[3]。根据欧盟统计局的数据，在 2015 年，欧盟的退休人员（65 岁以上）与劳动年龄人口（15～64 岁）比为 29：100，到 2050 年将变为 50：100。伴随

[1] 英国已启动脱欧进程，目前还没有完成脱欧，这里把英国还是作为欧盟的主要成员来看待。

[2] 李佳：《欧盟国家应对人口老龄化的相关对策及启示》，硕士论文，吉林大学，2011 年，第 7 页。

[3] 柳清瑞，孙宇：《人口老龄化、老年就业与年龄管理——欧盟国家的经验与启示》，《经济体制改革》，2018 年第 1 期。

老龄化，劳动力、医疗康健等成为关注点。

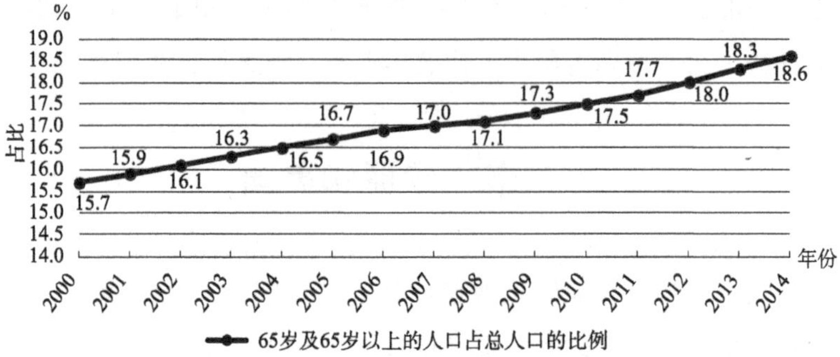

图 4-1　欧洲老龄化情况[1]

（二）欧盟应对老龄化实践

欧盟在老龄化应对方面有很多成熟的做法，如积极的老龄化策略，积极的移民政策，推行就地就近社区照顾养老模式，鼓励老年人积极就业等。这里关注的是其在退休改革和信息技术运用方面应对老龄化的实践。

1. 运用现代信息技术应对老龄化

针对老龄化的实际，欧盟积极应对，特别是在信息技术研发和运用方面取得了明显成效。2000 年，欧盟制定了“I2010”计划，用 IT 和信息技术改善老人的生活质量，并尽量延长老年人独立生活的时间[2]。运用信息技术帮助老年人过上更加有活力和独立的生活[3]。近年来，欧盟机器人技术的研发动向表明，协助和照顾孤独老年人生活的伴侣机器人成为应对老龄化社会的取向[4]。并且，欧盟在研发、推广和运用信息技术和 IT 方面，

---

[1] 资料来源：2013 年 6 月 13 日欧盟委员会公告。

[2] 蒋红柳：《欧盟破解人口老龄化问题探析》，《西南民族大学学报（人文社会科学版）》，2014 年第 5 期。

[3] 陈骞：《欧盟以信息化应对老龄化》，《上海信息化》，2015 年第 4 期。

[4] 徐曼，安孟长，等：《2014 世界军民两用技术与产品发展展望》，《军民两用技术与产品》，2014 年第 1－2 期。

充分考虑了老年人的实际，有针对性地设计开发了适合老年人的产品和网络服务[1]，以满足老年人的需求。通过推行和利用信息技术缓解老龄化社会引起的问题。

2. 改革养老金轨制，实现弹性退休制度

欧盟老龄化开始的时间早，在退休制度改革方面的探索也较早。欧盟多数国家都对退休年龄实行了改革。如荷兰废止了早退休的待遇，德国的退休年龄从65岁推迟到67岁，西班牙减少了早退休年养老金。欧盟改革主要包括：拉近男女退休年龄距离。如英国与荷兰等国都提高了女性的退休年龄，使之与男性同步；普遍延长了退休年龄；制定退休最低和最高年龄，按年龄差异确立对应的养老金给付比；运用税收、养老金补助等手段鼓励大龄劳工继续从事劳动等。总体来看，改革有利于减轻国家养老保障的压力，应对老龄危机，维持劳动力供给稳健。

（三）欧盟应对老龄化借鉴

在老龄化日益严重的中国，人均预期寿命不断提高，科学技术不断进步，可以借鉴欧盟老龄化问题的应对策略。我国需要充分运用现代信息技术设备和手段积极应对老龄化；需要加大机器人的研发力度，运用机器人协助家庭、社区和养老机构的老年人生活；运用物联网、互联网、大数据等高新技术为老年人开展服务；需要关注老年人对信息科技的使用情况和存在的问题；需要以人为本、循序渐进地推出弹性退休制，适当延长退休年龄，既缓解劳动力不足，又可以满足老年人老有所为的愿望，发挥余热，为社会做贡献。

---

[1] 蒋红柳：《欧盟破解人口老龄化问题探析》，《西南民族大学学报（人文社会科学版）》，2014年第5期。

二、美国老龄化应对实践与借鉴

美国在老龄化实践应对中，在理念上和行动上都富于创新，很多先进经验走在了世界前列。

（一）美国老龄化基本情况

美国于20世纪40年代跨入老龄化，但因其保持了较高的生育率，又受移民政策的影响，其老龄化发展进程总体速度并不快[1]。2010年，美国65岁以上老年人口占比为13%，2016年占比为17.4%[2]。在未来20年，随着婴儿潮时代出生的一代人退休，老龄化的进程将大大加快，预计到2030年，老年人口将达到7200万人，占比为19%[3]。当今美国女性平均寿命为81.2岁，男性为76.5岁[4]。美国也是老龄化与高龄化相伴的国家，其老龄化使得社保、医保、储蓄等方面受到冲击。

（二）美国应对老龄化实践

美国作为发达国家，其经济、政治、军事势力在世界的领先地位是毋庸置疑的。尽管美国仅有300多年的历史，但也深受老龄化的影响。老龄化应对方面美国有创新之处。例如，美国的技术移民政策（有4300万海外移民[5]）；发达的养老保险

---

[1] 徐正平：《美国州及地方政府应对人口老龄化的启示借鉴——以康涅狄格州为例》，《发展研究》，2011年第11期。

[2] 付军辉，付国浩：《美国应对人口老龄化的措施与面临挑战》，《中国信息报》，2011年11月28日，第8版。

[3] 徐正平：《美国州及地方政府应对人口老龄化的启示借鉴——以康涅狄格州为例》，《发展研究》，2011年第11期。

[4] 美国人均寿命排名不断下降，预计2030年将和墨西哥看齐［EB/OL］. http：//forex. hexun. com/2017－02－23/188268815. html。

[5] 穆光宗：《美国应对人口老龄化的政策启示》，《中国社会报》，2013年11月11日，第4版。

制度（96%参加退休养老保险[1]）；供老年人选择的大量老年公寓（约28000个[2]）；注重老龄健康与高龄老人健康长寿的科学研究[3]；奉行医疗高效诊治计划，完善后续医疗服务[4]；对养老金缴纳、领取、养老、助老等采取社会标准化管理[5]；构建“积极老龄化”战略，对再度开发老年人价值高度重视；增加老年人的就业岗位对于需求拉动有着积极的作用[6]，等等。美国应对老龄化在科技创新、全社会的理念、完善的老年人服务网络方面的经验更是值得学习和借鉴。

1. 积极将科学技术运用到老龄化社会，创设完善的老年人服务网络

如前所述，美国在老龄化相关理论研究方面走在了世界前列。其实，美国在与老年人相关的科学研发、科技投入、创新方面也独树一帜，积极把科学技术运用到老龄化社会。在美国，老龄化加深致使老年痴呆而失能、失智患者逐年增加。为了应对老龄化难题，美国十分注重在神经科技方面的研发和创新，高效应对重大健康问题，缓冲因吃药对老年人产生的副作用，有效避免治疗和转诊中可能的失误和障碍，以大大降低风险。目前，美国在神经科技方面投入较多，成果明显。在奥巴马时代，神经科学和技术就被视为优先事项，“脑计划”拨款

[1] 徐伟：《世界各国应对老龄化的措施》，《中国社会报》，2016年8月22日，第7版。

[2] 张彩玲，李书宁：《发达国家应对人口老龄化问题的经验研究》，《唐山师范学院学报》，2013年第5期。

[3] 徐正平：《美国州及地方政府应对人口老龄化的启示借鉴——以康涅狄格州为例》，《发展研究》，2011年第11期。

[4] 徐一萍：《美国：多措并举应对人口老龄化》，《山西政协报》，2012年9月28日，第4版。

[5] 张晓林：《国外应对人口老龄化的做法和启示》，《中国民政》，2015年第8期。

[6] 王诺，张占军，等：《机遇还是挑战？中国积极老龄化到来》，经济科学出版社，2014，第261页。

7000 万美元给 DARPA 开展脑植入物领域的研究。另外，Google Ventures 在生物科技、医疗技术和数字健康领域的风险投资已从 2016 年开始；硅谷 Mary Lou Jepsen 创立了 Openwater，一家脑科技初创公司；作为世界上跨国公司的英特尔，在医疗和生命科学方面已有近 20 年的投入；2018 年初，美国科学家推出一种“脑起搏器”，成功地缓解了阿尔茨海默病[1]。2015 年，美国神经刺激设备的市场规模为 20 亿美元，未来前景无限。

此外，在美国可穿戴设备、遥控灯、地面传感器等的运用很普遍，这些新技术在检测老年人跌倒、追踪老年人吃药、帮助煮饭、医疗急救等方面发挥了重要作用，为保障老年人的尊严和优质生活、卫生医疗服务提供了良好的技术支撑；有效化解了让老年人安全、独立地在家中生活得更久，让子女放心的难题；在经济上、生活质量上帮助了老年人、医护人员和当地政府[2]。例如，对于患有癫痫的老年人的护理，通过使用创新技术 GrandCare 系统，传感器可以用来记录老年人在家庭关键位置的活动，如浴室、厨房和卧室[3]，子女或社区照料人员只需在电脑上远程全天候监控就可以了，而不需要去养老院或时时有人陪伴。

美国老龄人口服务网络由联邦、州、市（镇）三级政府部门、印第安人部落及区域性老龄管理机构、社区服务中心和大量非营利组织构成[4]。美国政府在卫生与公众服务部、州及以

---

❶ Beth Rosellini，赵成龙译．老龄化的困境：神经科技已成为研究热点［EB/OL］http：//www. xianjichina. com/special/detail_336225. html.

❷ SSIDC 面对面：老龄化社会的科技创新［EB/OL］http：//interview. gmw. cn/2015 -01/09/content_14152396. htm.

❸ 李益：《“就地老去”解决老龄化难题美国兴起远程监护老人》，《市场报》，2007 年 12 月 12 日，第 014 版。

❹ 徐正平：《美国州及地方政府应对人口老龄化的启示借鉴——以康涅狄格州为例》，《发展研究》，2011 年第 11 期。

下等都设立了老龄代理机构或老龄服务中心[1]，构建了覆盖全国的老龄服务网络（如美国康涅狄格老龄人口服务组织，如图4－2所示）。同时，政府鼓励非政府组织为老年人提供关照和服务[2]。仅2011年，志愿者人数就达6430万，贡献出1710亿美元的经济价值[3]，这其中有很多志愿者就是活跃在社区和老年公寓的，专门开展针对老年人的筹资、互助、娱乐等服务。每年4月表彰为志愿活动做出突出贡献的各界人士[4]。通过立体化的服务网络推动各类非政府组织和志愿服务稳健发展。通过构建全社会志愿服务的氛围，社会各界人士积极响应政府的

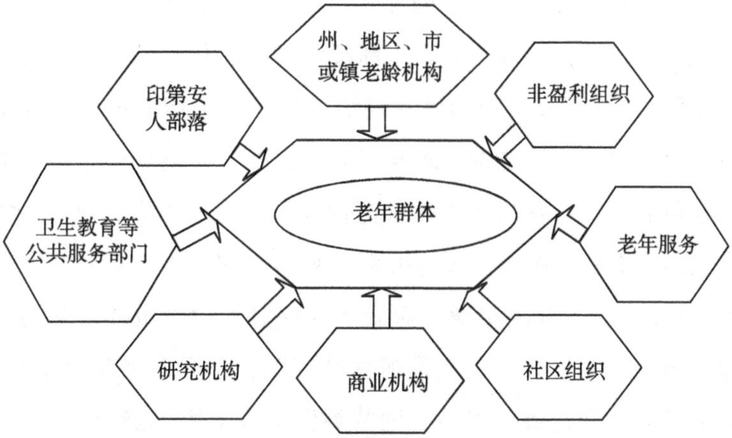

图4－2　美国康涅狄格老龄人口服务组织图[5]

---

[1] 付军辉，付国浩：《美国应对人口老龄化的经验与面临挑战》，《中国信息报》，2011年11月28日，第008版。

[2] 徐一萍：《美国：多措并举应对人口老龄化》，《山西政协报》，2012年9月28日，第4版。

[3] 辛华，张学东：《当前美国志愿者与志愿服务组织状况探讨》，《哈尔滨师范大学社会科学学报》，2013年第6期。

[4] 陈成文，孙秀兰：《社区老年服务：英、美、日三国的实践模式及其启示》，《社会主义研究》，2010年第1期。

[5] 徐正平：《美国州及地方政府应对人口老龄化的启示借鉴——以康涅狄格州为例》，《发展研究》，2011年第11期。

号召，参与到社区老年人服务中，为社区式养老提供人力资源，同时也进一步扩大了社区养老模式的影响范围。既保障了为老年人服务的人员的数量和层次，构建了多重保障老年人生活的服务网络，又壮大了社会组织力量和助老志愿者规模，形成了应对老龄化问题的重要组织和强大人力源泉。

2. 普遍认同“关心老年人就是关心你自己”的理念，重视老龄健康研究

美国的传统观念是：衰老是灾难，衰老是废墟。然而，其观点近年来发生了很大的转变[1]。当今，美国大众赞同“关心老年人就是关心你自己”的理念，很多组织和个人自愿地为老年人提供资助、服务或捐款，具备应对老龄化问题的良好社会环境[2]。比如，非盈利的民间组织机构中的工作职员大部分来自社会各层面的志愿者。政府层面上，形成了高规格老龄问题决策研究机构。联邦及州政府都投入了巨大的人力、财力、物力，研究老龄健康与长寿的关系。例如，1995 年发布“白宫老龄会议决议”，并决定增加对老年人保健和护理服务研究的资金。研究表明，假如老人推迟住养老院，推迟患老年痴呆症、心血管病时间，每年将为美国节约巨大开支[3]。老龄健康研究就是财富，协助老年人解决日常生活问题就是为国家做贡献。

（三）美国应对老龄化借鉴

美国是进入老龄化较早的国家，但是老龄化发生速度相对缓慢，这为美国应对老龄化在时间和空间上创造了有利的条件。

---

[1] ［美］贝蒂·弗里丹著，李淑琴，李欣，等译：《生命之泉喷涌》，作家出版社，1997，第 58 页。

[2] 张日松：《美国养老保障体系概述及启示》，《人口与计划生育》，2005 年第 7 期。

[3] 张日松：《美国养老保障体系概述及启示》，《人口与计划生育》，2005 年第 7 期。

通过上述分析美国老龄化的主要应对实践来看，值得我国借鉴的方面主要有：加强神经科技研发部署和投入，加强信息化、智能化老年产品的研发和推广运用；完善老年人服务网络，建立起全国、省市、县区、乡镇到社区村居的老年服务信息平台和网络，完善老年人服务的时间银行制度；大力倡导尊老、爱老、敬老，宣传孝爱文化，在全社会打造“关心今天的老人就是关心明天的自己”的观念，营造良好的社会氛围；积极培育和发展助老社会组织，走“小政府、大社会”之路，走政府购买社会组织服务之路，把大量老人公共服务项目交由非政府组织完成；加强老龄健康研究，实施预防性干预项目，提高老年人的生活质量[1]，等等。

第三节 香港和台湾

香港和台湾作为中国的有机组成部分，与内地同宗同族，具有同样的文化和背景，其老龄化问题应对的实践经验十分值得学习和借鉴。

一、香港地区老龄化应对实践与借鉴

香港在20世纪80年代就属于老龄化地区，已有近40年的老龄化应对实践经验。

（一）香港地区老龄化基本状况

香港一度为亚洲“四小龙”之一，其在全世界经济发展中地位特别。近年来，香港地区经济社会也受到老龄化的冲击。

[1] 张日松：《美国解决老龄化问题的若干经验与启示》，《中国人口报》2000年6月8日，第4版。

香港于20世纪80年代步入老龄化社会[1]。香港老年人口持续上涨，2015年底，65岁以上人口约112万，占总人口的15%。预计2041年，老年人口将达249万，占比为30%[2]。香港平均寿命较高，男性为81.91岁，女性为86.58岁[3]。这也反映了香港具有老龄化与高龄化相伴的重要特点。

（二）香港地区老龄化应对的典型实践

在香港把65岁以上的老年人称作“长者”，那里的养老服务称作安老服务，养老院称作安老院，这些都凸显了香港地区对老年人的一种情感和独特关爱。由于进入老龄化相对较早，且为经济发达、老龄化程度严重地区，所以香港关于老龄化问题的应对探索也相对较早，积累了很多经验，如多层次的经济援助，强调照顾者的照顾，社会组织活跃且强大，较好的强积金和综援支持，较高的生果金（年满70岁的高龄长者津贴）和医疗券，花2元钱任意乘坐地铁和巴士的优待，较完善的政策法规，等等。这里有两个方面的典型实践尤其值得学习和借鉴。

1. 以科技创新为引领，舒缓老龄化问题

香港多年来是世界关注的经济活跃地区，也是科技创新领先地区。为应对老龄化，特区政府以科技创新为抓手，促进健康老龄化。例如，在老年人福祉产品方面充分运用新科技，积极探索，以高科技产品的推广和运用舒缓老龄化带来的问题。特区政府通过科学园的居家养老体验馆，让老年人及亲属感受

---

[1] 施巍巍，刘雨蓓：《香港长者社区照顾的福利多元主义视域》，《学术交流》，2016年第3期。

[2] 柴逸扉：《居家安老为本，院舍照顾为援——香港创新模式应对老龄化》，《人民日报海外版》，2017年2月18日，第4版。

[3] 数据来源于联合国经济和社会事务部公布的《2015年世界人口展望》。

老年科技产品的巨大魅力，鼓励公众和机构进行科技创新，激发园区里更多的公司研发老人所需的产品，舒缓人口老化的社会问题，使得老年人、老人院、老年人家庭逐步亲近并运用新科技、新产品，以此应对老年人的照护和日常生活困难，确保长者可以在家安老。新科技产品，设计上的每一个细节都以老年人为本，充分体现了对老年人的亲近和友善。各种无障碍设施和产品（如座椅、床、洗手间、手指环、智能腕表等），便于老人操作和使用❶。香港以科技创新为引领，帮助老年人及家庭、养老服务机构应对老龄化社会问题和难题。

2. 开创多种安老模式和计划应对老龄化挑战

为了有效缓解因老年人口剧增带来的影响，实现老有所养，让长者晚年有尊严地生活，香港地区开创了两类很有特色的安老服务模式：社区照顾及支援和院舍照顾。前者指通过协助，让长者尽可能在社区里安享晚年，为照顾长者的那些人提供支援，有长者中心、社区照顾及其他社区支援三类服务；后者类似于机构养老，为一些因特殊情况（如个人身体健康、社会等）无法住在家中养老的老年人提供住宿照顾服务及设施，包含长者宿舍、安老院、护理安老院及护养院几类❷。香港安老服务具体框架结构如图 4－3 所示。

此外，为满足老年人的个性化需要，保障安老模式的有效落实，特区政府还推出了各种“计划”，如“广东计划”“福建计划”❸ 等安老配套服务。

---

❶ 回归 20 年，香港作为老龄化“重灾区”，看他们如何应对［EB/OL］. http：//www. sohu. com/a/153730585_464403.

❷ 刘玉博，于宁：《香港安老服务体系的构成、经验及启示》，《中国行政管理》，2013 年第 11 期。

❸ 柴逸扉：《居家安老为本，院舍照顾为援——香港创新模式应对老龄化》，《人民日报海外版》，2017 年 2 月 18 日，第 4 版。

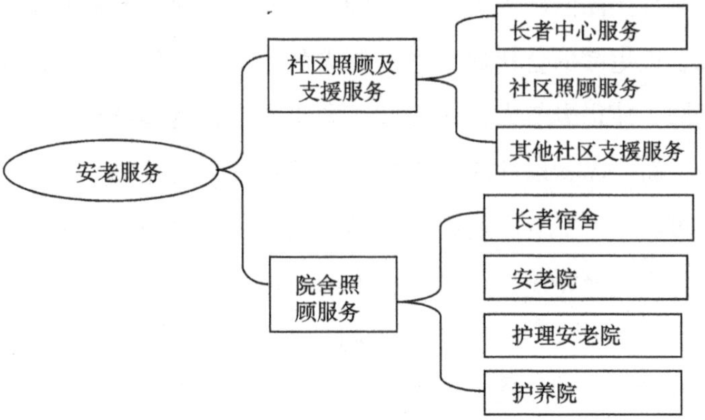

图4－3　香港安老服务架构❶

（三）香港地区老龄化应对借鉴

上述香港地区两个方面的典型实践，至少给予了我们如何应对老龄化一些有益的启示和借鉴：老龄化应对需要多措并举，需要一个综合应对体系；就提供老年人需要的养老方式看，应该居家养老、机构养老、社区养老并存；同时，需要创造条件对老年人居家进行适老化改造，以科技创新为抓手，大力研发并推广老年产品，发挥智慧产品的效用，走科技养老、智慧养老之路。

二、台湾地区老龄化应对实践与借鉴

台湾地区老龄化比较严重，其在应对方面有不少可圈可点的经验值得借鉴。

（一）台湾地区老龄化的基本情况

台湾地区于1993年跨入老龄化行列（65岁上老人占比突破7%），2017年2月老人占比为13.33%❷。2018年9月底老

❶　参考香港特区政府社会福利署官网资料。

❷　吴济海：《台湾老年人口首超幼年人口》，《人民日报海外版》，2017年3月10日，第4版。

年人口达338万，已占总人口数的14.35%[1]，预计2025年占比将达20%。当前，台湾男女平均寿命分别为76岁和82岁[2]。台湾地区老龄化、少子化、高龄化相对较为严重，老龄化影响了台湾的经济社会发展。图4－4所示为台湾地区1993—2061年老龄化发展状况[3]。

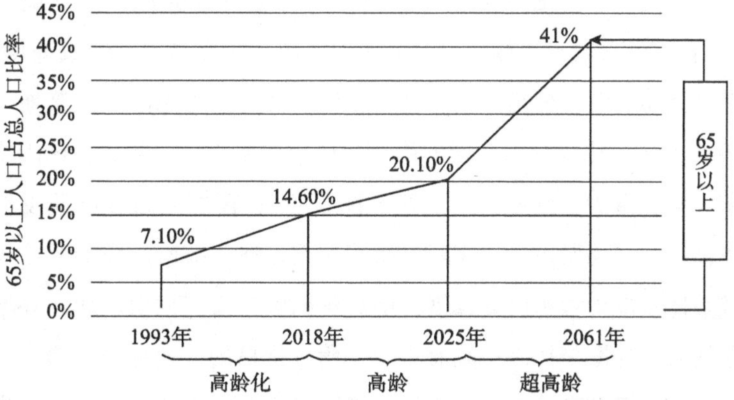

图4－4　1993—2061年台湾老龄化发展情况[1]

（二）台湾地区老龄化应对的典型实践

台湾地区在老龄化应对方面可借鉴的经验也有很多，例如，有完备的与老年人相关的法规政策体系，有“长期照顾十年计划”，有音乐带动方案愉悦老年人身心的训练活动，有“志工时间人力银行”助老服务等方面的实践。台湾地区老龄化应对实践方面比较成功和有特色的方面表现在：

---

[1] 刘欢，吴济海：《台湾人口老龄化显著　仅老年人居住者宅数十年增近六成》，《人民日报海外版》，2018年10月16日，第4版。

[2] 谢楠：《人口老龄化考验台湾》，《世界知识》，2016年第6期。

[3] 夏现伟，乐传永：《台湾地区老年人力资源开发的实践、困境及启示》，《成人教育》，2016年第5期。

[1] 资料来源：台湾人口推计1981至2061年，https：//www.ndc.gov.tw/Content_List.aspx？n＝84223C65B6F94D72，2014－08－29。

1. 积极发展银发产业，化挑战为机遇

面临老龄化挑战，台湾地区积极应对。把银发产业发展当作重大机缘，走“政府监督引导 + 产业化运作”之路。他们的基本做法是：银发产业成长，人才先行（培养了大量涉老技能的养护人员和管理人才。截至2014年，开设银发产业相关的高校达36所）[1]；细分了包含衣食住行等全方位的银发产业类目（衣食住行、教育、娱乐、安养、卫生等9大类项目，宗教饰物、食疗食品、老人公寓、代步器、影像软件、看护用品、棺墓地等20多类产品以及洗衣、营养咨询、居家维修、交通接送、休闲旅游、居家看护、理财、志工等多种服务）；在催促银发产业发展方面，增强顶层设计，用政府政策保驾护航；政府 + 完善的法规政策体系推动银发产业发展；诱导民间资本投资银发产业，并给予切实的补助与优惠；政府主导，营造优良的产业环境，形成产业经济规模和良性轮回。通过发展银发产业，缓解了因老龄化带来经济发展乏力、缓慢的不利局面，促进了经济发展。

2. 积极发展老年教育，协助老年人健康老化

为了让老年人健康老化，应对迈入老龄化社会遇到的问题，台湾在发展老年教育上煞费苦心。台湾积极发展老年教育，以此使老年人享有终身受教育的权益，激发老人参与学习活动的动力。他们的做法是：通过“终身学习法”（2002年）促进全民养成“活到老学到老”的终身学习精神；通过发布《应对高龄社会——老年人教育“白皮书”》（2006年）以保障老年人实现终身学习的愿景。通过上述法制建设的推进，保证了老年人受教育的权利与机会，满足其身心发展需要和精神愉悦需求，

---

[1] 高枫：《台湾地区银发产业发展的经验与启示》，《现代经济信息》，2015年第11期。

促进了老年人自由、幸福、完整、尊严发展的目的和价值诉求❶。老年教育具体策略有很多，如开发老年教育学习网络、积极贯彻成功老化观念等❷。2014 年 10 月 2 日还成立了银发人才资源中心，专门为老年人就业提供咨询、媒合、培训等服务，推动老年人才资源的再运用，并鼓励老年人再次实现职业价值❸，等等。

（三）台湾地区老龄化应对借鉴

上述台湾地区的老龄化应对实践给我们应对老龄化也提供了一些有益的借鉴，主要是：紧紧抓住老龄化社会的机遇，大力发展银发产业，不仅可以促进产业经济发展，而且为老龄化问题的应对提供了很好的方向和经济发展动力；大力发展老年教育，缓解老龄化带来的人力资源短缺；丰富老年人晚年生活，实现老年人康健老化，保障老年人权益，促进社会和谐发展与进步。

第四节　浙江省和江苏省苏州市

在老龄化问题应对方面，很多省市积累了一些较具特色的典型经验，值得学习、借鉴和推广。这里以浙江和江苏两地为例，分析其老龄化问题应对的做法。

一、浙江省老龄化应对实践与借鉴

浙江省作为沿海发达省份之一，其进入老龄化较早，在应

❶ 罗桂城：《台湾老年教育的发展策略与启示》，《成人教育》，2017 年第 7 期。

❷ 罗桂城：《台湾老年教育的发展策略与启示》，《成人教育》，2017 年第 7 期。

❸ 夏现伟，乐传永：《台湾地区老年人力资源开发的实践、困境及启示》，《成人教育》，2016 年第 5 期。

对方面积累了一些经验和做法，并值得推广。

（一）浙江老龄化基本情况

浙江整体于1987年进入老龄化，2016年底60岁及以上户籍老年人1030.62万，占总人口的20.96%，2017年底60岁及以上老年人比上一年增加了50多万。预计2020年户籍老人将达到1186万。浙江现有养老机构2367个，公办养老机构1271个，民办养老机构147个，乡镇敬老院949个。有1107个养老机构的床位超过了100个，养老机构床位数共有38.4万张。另外，还有社区照料中心2.23万个。现有养老机构护理员1.6万人，其中，持有初级证书的有9228人[1]。

（二）浙江应对老龄化实践

浙江省在老龄化问题应对方面，主动出击，积极应对，在政策创制方面很有特色。

1. 紧抓政策创制“牛鼻子”，破解养老服务难题

浙江省委、省政府积极应对老龄化问题，将养老服务业摆在优先位置，紧抓政策创制“牛鼻子”，破解养老服务难题。为加强规范管理，出台了《浙江省社会养老服务促进条例》《关于加快发展养老服务业的实施意见》《居家养老服务与管理规范》《养老机构服务与管理规范》《养老护理分级标准》等大批地方标准和规范，为统筹城乡养老、规范养老服务工作开展提供了强有力的制度保障。浙江省全面放开了养老服务市场，用“市场化+”的办法引领养老服务业发展。

2. 积极探索志愿助养老储蓄制度

为应对老龄化，浙江省实施了志愿助养老储蓄制度，即凡省内年满18岁以上的居民，结合本人意愿，经注册登记，可将

---

[1] 相关数据来自对浙江省民政厅的调研。

其志愿互助养老服务的劳动时间存入其个人账户内，为他将来养老时支配和使用。账户为实名注册制，一人只拥有一个专门账户和账号，账户内积分，由拥有者所有、支配和使用，可换取同等数量和质量的志愿助老服务时间，用于其晚年时使用。这个制度，不仅能为经济增长提供新增长点，而且能在较大程度上起到社会稳定器的作用❶。

（三）浙江应对老龄化借鉴

浙江省地方政府以地方规范和标准引导老龄产业和老年服务业发展，既规范了行业发展，又为养老服务业、老龄产业发展注入了活力和动力。这一措施不仅缓解了公办和民办养老机构的不公平竞争问题，化解了“一床难求”和“一人难求”的局面，而且对养老机构服务质量的提升发挥了重要作用。另外，志愿助养老储蓄制度，为促进敬老、爱老、孝老的社会环境搭建了平台，建立了志愿互助养老服务的长效机制，对现在和未来的发展将发挥不可替代的作用。

二、江苏省苏州市老龄化应对实践

江苏省苏州市也是很早进入老龄化的地区，在老龄化应对方面也很有特色，特别是苏州市姑苏区（原沧浪区）虚拟养老院的做法，很好地解决了老年人居家养老的需求，值得学习和借鉴并推广。

（一）江苏省苏州市老龄化基本情况

苏州比全国提前 18 年进入老龄化。2017 年底，苏州市户

---

❶ 刘锡宾：《探索志愿互助养老服务个人储蓄账户制度》，《浙江经济》，2016 年第 21 期。

籍人口超过691万，其中老年人口超过178万，占比达25.8%[1]。苏州面临着人口老龄化、高龄化、空巢化的严峻形势，对传统的养老模式构成了严峻的挑战。

（二）苏州应对老龄化实践

苏州面对老龄化，积极应对和开拓创新，虚拟养老院——社区居家养老模式应运而生。老人住在家中，由社区为其提供个性化的全套服务。这种虚拟养老院，由姑苏区（原沧浪区）葑门街道率先在2003年探索，借助现代信息技术和网络平台，创新了现代养老模式。这种模式主要借助居家乐221服务系统，获取老人需求，快速编制计划，及时组织服务。服务内容包括物业维修、人文关怀、应急救助等六大类53项[2]。这种虚拟养老院以福利多元主义思想为依托，整合政府、市场、第三部门的力量，运用现代信息科技为老年人提供及时、精准的日常照料或服务，其社区服务平台运作机理如图4－5所示。

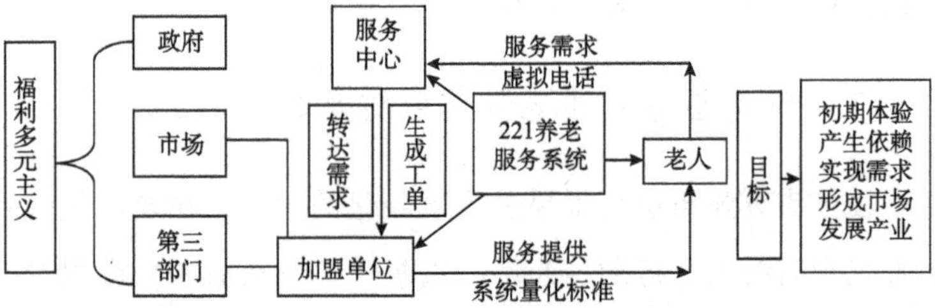

图4－5　虚拟养老院社区服务平台运作机理[3]

---

[1] 蒋帅：《挡不住的“银潮”来了 苏州去年增加老年人口近7.5万人》，《江南时报》，2018年1月10日，第10版。

[2] 张国平：《居家养老社会化服务的新模式——以苏州沧浪区“虚拟养老院”为例》，《宁夏社会科学》，2011年第3期。

[3] 陆怡婷：《人口老龄化背景下居家养老的社区服务平台建设——苏州市沧浪区虚拟养老院的运作机理及其可复制性研究》，《常州工学院学报（社会科学版）》，2009年第9期，第99页。

（三）苏州应对老龄化借鉴

苏州利用现代技术和信息平台提高了服务质量和服务效率，通过企业管理和市场机制发展老年服务业[1]。在手段、机制、队伍、管理等方面实现了创新，如从工单自动生成、服务预约、服务开始、回访、完成实现了闭环式规范管理创新，而且实现了经济效益和社会市场效益。从中获得的启示是：科技创新是前提；党委政府推动是基础；多元化社会服务是保障（离不开医疗卫生、信息咨询、康复护理、文体娱乐、老年教育等支持）；企业化市场运作是关键。总的启示是：整合社会力量，运用现代科技，积极应对老龄化挑战。苏州市积极探索，创造性地把信息化服务管理运用到当地养老服务中，实现了系列创新，达到了对当地老年人人性化、亲情化、规范化服务的目的，具有重要的借鉴意义。

总之，纵观国（境）内外老龄化应对的典型实践，各个国家和地区在做法、侧重点上有所不同，但总的来看，都是基于科学与社会的视角，以科技创新为根本，以文化价值观为引领，以政策制度创新为辅助积极应对老龄化。这些好的经验和做法为我国应对老龄化问题提供了有效的多维度借鉴，为我国未来老龄化社会发展及应对提供了有益的启示，对我国在老龄化问题应对实践中少走弯路具有一定的指导意义。

---

[1] 张国平：《居家养老社会化服务的新模式——以苏州沧浪区“虚拟养老院”为例》，《宁夏社会科学》，2011 年第 3 期。

第五章　我国老龄化社会的展望

老龄化社会已经到来，这是历史发展的必然结果，我们无法选择，也不能回避，老龄化社会充满着挑战，也有很多机遇。由于国情和现代化进程不同，我国老龄化社会运行有独特的新情况、新问题，在新情况、新问题的现实和我国进入新时代的大背景下，怎样从科学与社会的视角应对老龄化问题？老龄化问题相关政策框架如何优化？老龄化问题应对的根本抓手在哪里？老龄化社会未来的前景怎样？这些问题都需要进一步加以探讨。

第一节　中国老龄化社会运行的新情况、新问题

如前所述，与大多数发达国家不同，中国不属于“先富后老”或“富老同步”，而是在“未富先老”下步入老龄化的。在这样的大背景下，中国老龄化社会运行有自己独特的新国情，出现了新问题，产生了新冲击，呈现新群体现象，等等。

进入老龄化社会以来，中国的整个社会一直在相对有序地运转。但在这样的社会运行中，也存在着对原有的观念、秩序、平衡等多方面、多层次的冲击，存在着一些新矛盾和突出问题。老龄化社会呈现出老年人口的年龄结构和成年型社会结构之间的矛盾。老龄化社会运行中出现的矛盾，有些是老龄化社会的

重大机遇，有些需要认真分析，找出问题的症结所在，化弊为利，以实现老龄化社会可持续发展。

一、中国老龄化社会运行的新情况

我国作为老龄化社会，整体来看，没有因为老龄化的逐步加深，致使国家经济、科学技术等发展停滞不前，但在运行中也出现了一些新情况和新问题，必须加以重视，否则，可持续发展的局面将有可能停滞或倒退。

（一）出现老龄化社会的“新国情”

老龄化社会的三大“新国情”：现在中国是一个中等收入的国家；未来经济增长和政府财政收入增长速度放缓；政府刚性支出需求加大[1]。如今，中国正处于建设现代化和小康社会，实现伟大复兴中国梦的进程中，处在科学技术飞速发展的时期。认清中国的问题和关键所在是一切工作的基本根据。中国的国情依然包括：生产力水平低，地域发展不均衡；科技程度、民族文化素养不高；各种轨制还不完善；人口基数大，人均资源少等。在老龄化社会进程中，又出现了新的国情，那便是老年人口数量大，老龄化速度快，未来几十年老龄化步入高峰，高龄化、空巢化、失能化并行，老年人的各种需求与供给差距较大，等等。这样的国情，也将长期存在，理应成为国民经济生产、分配、消费、价值构建、社会治理、公共服务等方面的依据。这种新国情在新中国成立初期，乃至改革开放后很长一段时间是没有的，是进入21世纪以来，特别是最近一段时间凸显出的问题，且属于新常态。这种老龄化问题的现实，需要从战

[1] 白朝阳：《应对人口老龄化的关键在于激发经济活力》，《理论参考》，2015年12期。

略上加以布局，需要顶层设计应对，需要从国策上发力。

（二）出现对原有社会经济平衡的新冲击

在传统的农业社会，老龄化是不可能发生的，因为长寿的老年人少，人生七十古来稀，大量的老年人群体的出现更是不可能的。只有到了近代，工业革命后，随着医疗科技和生产力的进步，随着人们物质生活和营养的改善，也随着人们生育观念的改变，老龄化社会的到来才成为现实。中国也正是在改革开放之后，随着上述变化，加之计划生育的实施，才进入老龄化社会行列的。经过近20年的社会运行，老龄化社会对原有的经济、社会平衡带来了一些冲击。例如，老龄化对传统家庭养老功效的冲撞，使得家庭养老效力渐渐弱化；老龄化对劳动力的影响，使得我国劳动力的数量将在未来渐渐减少；对孝爱文化、传统家庭伦理道德的冲击；对原来满足五保户类供养的敬老院与现实社会中大量老年人需求机构养老、社区居家养老的平衡冲击；对社会保障、医疗保障的巨大需求与现实能给予广大民众的实际情况的差距；对集中经济建设与社会、政治、文化和生态文明建设和谐兼顾的影响；老年人需求与养老服务业、人才欠缺的窘境；老年人儿女绕膝、其乐融融与老年人自我照顾、儿女无暇顾及的矛盾；老年人延长退休、再就业与青壮年就业的冲突；城乡基本公共服务均等化矛盾等。处在老龄化社会的当今中国，原有的很多秩序和平衡被冲击和改变了，这样的冲击带来的是机遇和挑战并存，需要抓住机遇，因势利导，确保老龄化社会平稳运行。

老龄化社会与其他事物一样，同时具有两面性。我国老龄化的高速发展，必然会突破旧有平衡，提出新的需要和问题，要求社会经济各方面在一个新的高度建立新的平衡，同时，也会带来很多困难和压力。不过，这是前进中的困难，压力也会变为动力，关键是要正视困难和早作筹谋，积极应对老龄化的挑战[1]。

（三）出现老年人群体的新现象

中国进入老龄化后，老年人在很多方面都不得不进行改变，无论是生活方式、社会结构、社会参与方式、社会活动方式，还是其他方面。当前，作为老年人群体在这样的社会运行中，也呈现出一些新的现象和特点。

1. 留守、空巢老人群体大量涌现

随着城镇化、工业化、现代化的发展，大量农村劳动力走进了城镇、城市，从小城镇，走向大城市，这种流动性已经持续几十年了，多数情况下直接的后果就是，老年人原来生息的农村或小城镇，成为空巢、留守老人群体成员大量涌现的地方。据估计，到2030年，留守、空巢老人将超2亿[2]。届时，留守、空巢老人将占老年人总数的一半。留守、空巢老年人的大量涌现，是我国老龄化社会运行的一个重要特征，农村人口倒挂与农村空心化并存。而今，在农村，种田、养老谁来做、怎么做，谁来治理、怎么治理的问题日益突出[3]。因老龄化带来的大量留守、空巢老人的生活、照料、精神关爱服务等都存在一定的困难和问题，急需加以治理。

2. 广场舞现象

近年来，随着大批的老年人退休或无所事事，广大民众，以中老年人，特别是老年人居多，在城市中或在农村地区的公

---

[1] 老龄问题国际讨论会文集中文版编辑组：《老龄问题国际讨论会文集》，劳动人事出版社，1988，第52－58页。

[2] 袁勇：《新型农村养老服务需升级补短板》，《经济日报》，2017年12月23日，第7版。

[3] 张英洪，王丽红：《北京市乡村治理和农村社会发展的思考与建议》，《中国经济时报》，2017年8月11日，第7版。

共广场或开阔空间，自发开展了以健身、娱乐、交友为宗旨，以音乐和舞蹈为载体的活动。随着我国空巢老人的增加，广场舞作为团体活动之一，可以使老年人走出家门，增加沟通、互动交友，对提高老年人适应生活的能力，保障老年人的身心健康无疑是十分有益的事情，这恰是社会进步、社会和谐的真实写照[1]。但是，在中老年人享有跳广场舞的权利和欢愉之时，同时也侵犯了年轻人或没介入活动的其他人群享有休息、恬静安宁生活的权益，并由此出现了一些对抗或矛盾。产生矛盾的原因，主要是“财产和责任规则”两个角度的各方权利与义务没有调和好，广场舞爱好者承担的义务和责任不明确，管理、公共服务设施配套不足[2]。

广场舞作为一项活动，是中老年大众自发组织的，其发展存在一些实际困难和问题[3]。广场舞从一个侧面反映了城市居民退休闲居后（或农村老年人闲暇之余），对过往的社会生活环境持怀旧态度，重新定位了生活价值观的价值取向，迎合了老年人群对健康生活方式的追求，反映了我国城乡居民人文素质的提升[4]。由于广场舞群众通常是自发组织的，组织管理比较混乱，噪声较大，严重地干扰了周边居民正常的生活[5]。广场舞冲突的背后是不断增长的中老年群体需求，与其活动空间和资源滞后于供给的矛盾[6]。广场舞只是老龄化运行中诸多现

---

[1] 赵凌：《广场舞现象引发的公共政策问题与思考》，《运动》，2017 年第 6 期。

[2] 章颖：《广场舞现象规制问题之浅析》，《法制博览》，2017 年第 8 期。

[3] 钟姝丹：《谈对广场舞的几点思考》，《大众文艺》，2014 年第 4 期。

[4] 夏翔鹰，仇乃民，王欣：《广场舞现象的社会解读及其应对研究》，《运动》，2014 年第 22 期。

[5] 高云，戴亏秀，邓奎：《城市广场舞“扰民”现象分析与对策研究》，《社会体育学》，2017 年第 16 期。

[6] 朱昌俊：《解广场舞困境 为老龄社会治理探路》，《新农村商报》，2015 年 9 月 9 日，第 2 版。

象和问题的一个缩影。然而，群体间利益冲突与文化差异的争论远不止于此，更可能是由于公共资源分配不均，群体之间的社会关系、供给需求关系处于紧急状态。整个社会应该如何面对和接受这个群体的成长是一个深刻的思想价值的问题。为应对老龄化社会，必须有许多系统的调整和改变[1]。人类生命周期的文化是建构在怎样感知和看待老龄化和社会里最年长的人群产生了相当大的变异[2]。将广场舞活动放进基层社会治理系统势在必行。

3. 老年人及家庭道德失范现象

近年来，由于老年群体队伍的壮大，加上部分老年人空虚、无聊，老年人及家庭和社会层面在家庭美德、社会公德、职业道德方面出现了一些道德失范现象，值得关注。在社会道德中，老年人的失范主要表现在两个方面：公众意识淡薄和冷漠，社会责任感淡薄。例如，部分老年人在公共场合仍存在随地吐痰、抢座插队、贪图小便宜，将公共财物据为己有等失范现象屡见不鲜。再如，近年来，涉及老年人家庭纠纷案件逐年增多，虽然这是老年人的权利，孩子没有理由责备，一旦出庭，感情受到挑战，和谐的家庭关系也会受到破坏；又如，老年人因邻里间的琐事而闹翻、辱骂乃至打架等德行失范现象常常发生[3]。更严重的是，近年来老年人的犯法现象正呈现逐年上涨的趋势。这主要是因为老年人文化生活导向模糊，难以适应社会的发展

---

❶ 朱昌俊：《解广场舞困境为老龄社会治理探路》，《新农村商报》，2015 年 9 月 9 日，第 2 版。

❷ ［美］杰·索科洛夫斯基，杨春宇译：《步入盛年的老龄化人类学研究》，《云南民族大学学报（哲学社会科学版）》，2009 年第 1 期。

❸ 王曼，陈哲：《我国老年人道德失范现象及对策分析》，《法制与社会》，2015 第 8 期。

并与社会文化发生矛盾[1]。与此相伴的是，家庭成员因工作忙、孩子小需要照顾而无暇顾及老年人，更有甚者部分年轻人不给年迈的父母经济援助等，或者即使与老年人在一起也不愿意照顾他们，甚至打骂老人，并且这些现象呈现上升态势。老年人在养老院里被虐待、被打骂的情况也时有发生。以上种种情况表明，老龄化社会是现代文明的象征，但与不文明相对应的道德失范现象也值得关注。

4. 异地养老现象

老龄化社会运行中还出现了一种值得关注的新现象，那便是异地养老。所谓异地养老，就是指老年人离开原居住地以旅游、度假、疗养、回原籍、随子女等方式在异地居住一段时间（通常 1 个月以上）的养老方式，它的实质为移地养老、他乡养老，多数人选择沿海开放城市，如大连、青岛、海南等地。异地养老具有市场性、随机性、风险性等特点[2]。异地养老满足了部分老年人某方面的需求，如获取别样的照顾或服务；感受不同季节、地区的自然环境和情趣；避免因子女无暇照顾产生的不良情绪[3]。异域养老的涌现，是社会进步的结果。但是，这种现象的出现，也带来一些问题急需加以治理。例如，异地养老保险、异地医疗费用报销困难，异地养老导致部分房舍闲置（特别是农村），异地养老折射出老年人在原地养老服务需求的欠缺、家庭代际之间利益和矛盾的难以调和等情况，都需要政府部门和社会各界积极加以应对，确保这种养老新模式的有效性，保证参与异地养老的老年人及家庭成员的权益。

---

[1] 王涛：《老年人犯罪原因的分析》，《法制博览》，2012 年 4 月中旬刊。

[2] 刘硕，王维：《探究中国特色养老模式——异地养老》，《建材与装饰》，2017 年第 2 期。

[3] 张映芹，张瑞芳：《异地养老：一种新兴的养老方式》，《中国人口报》，2017 年 3 月 13 日，第 3 版。

二、老龄化社会运行中存在的主要问题

老龄化社会呈现出老年人口的年龄结构和成年型社会结构之间的矛盾。老龄化社会运行中出现的矛盾，有些情况是老龄化社会的重大机遇，有些情况需要认真分析，找出问题的症结所在，统筹治理。老龄化社会运行中存在哪些主要问题呢？可以概括为以下几个方面：基础设施不足、养老人才缺乏；老年保障、经济与社会发展速度等调适不够；代际之间的矛盾，投资结构失序等。

（一）基础设施不足，养老人才缺乏

老龄化社会运行需要有与其配套的设施、产业、人才、制度、财力等各方面作为支撑和保障。无论是广场舞现象，还是异地养老现象，还是老年人的道德失范问题，都折射出相关配置的不足或缺乏。广场舞导致的代际冲突，表面上看来是场地和秩序之争，进一步来看是老年群体与其他群体文化需求上的冲突。根本原因在于，老年群体社会活动空间、文化娱乐设施和场地配置等资源供给不足。这是老龄化带来老年群体的壮大、老年人利益诉求的增强与原有秩序的偏差和对抗的结果，也是围绕老年群体的产业发展、产品供给不足的显现。同样，异地养老现象，一方面是老年人自我需求以及子女与老人利益协同的结果，也凸显了老年人在原地没有或不足以使其满足于老有所养的设施、产品或服务人才，不能获取令老年人或子女满意的服务，而不得不离开自己生活多年的故里，走到一个陌生的新处所去养老。

（二）老年保障、经济与社会发展等调适不够

老龄化问题是多方面的，产生原因也是多方面的，老龄化

社会运行中出现的一些新情况其重要原因在于老年保障、经济发展速度调适不够。老年人数量的递增，意味着老年人最基本的保障——社会保障、医疗保障、社会保险等都需要跟进。当前，城乡二元制没有根本消除，城乡老年人收入来源及各种社会保障差别大，即使在同一地方，因其退休前工作的不同，退休后待遇也有较大差别。一方面带来了老年群体之间的矛盾，另一方面也加剧了城乡的对立，从而也更容易引起农村到城镇的持续流动，小城镇向大城市的流动，加剧了空巢老年人的规模和他们的风险。同样，老年人因为子女或自身的原因不得不选择异地养老，但老年人的医保问题不能很好地对接，也影响了老年人晚年生活质量和各方面权益的实现。广场舞现象凸显了老年人文化娱乐场地、老年人精神文化生活保障的缺失，特别是社区层面为老年人提供的硬件和软件的不足，也凸显了政府在住宅规划或老旧小区改造统筹方面、治理方面的缺失。

从根本上看，老龄化社会运行中出现的新问题、新情况是经济发展与社会建设“两条腿”长短不一造成的。老龄化社会平稳运行，政府必须加大社会建设方面的投入；必须从以经济建设为中心，到经济又快又好发展，再到经济又好又快发展转型中调节产业结构、调节经济发展速度，使得经济建设、社会建设相得益彰。政府、社会、企业、社会组织、家庭、社区必须像重视儿童那样重视老年人，必须像重视学校建设那样重视老年设施、场地的建设。需要明确的是，老龄化进程与经济发展并行，经济实现又好又快发展是社会建设的重要保障和前提条件。老龄化社会是社会建设的客观存在和现实依据，在搞好经济建设的同时必须兼顾社会建设，加大对福利院、老年公寓、社区养老服务驿站、社区老年人活动场地的建设和规划，确保社会建设与经济建设和谐推进，经济社会可持续发展。

（三）代际之间的矛盾加剧，投资结构失序

预计，中国老龄化在未来20～30年将到达巅峰。未来，中青年数量持续减少，老年群体不断扩大，他们之间一定会为争夺有限的福利而发生代际冲突❶。在老龄化社会中，代际之间的矛盾总和会有所提高。代际关系受家庭成员个体因素和社会时代的情境因素影响❷。代际之间的矛盾突出表现在：

代际财富分配的矛盾。我国用在养老、医疗等方面的投入占GDP之比，从2015年的6.77%将增加到2050年的23.43%❸，直接的后果就是代际财富分配格局的此消彼长、代际福祉矛盾和冲突；延迟退休与挤占中青年工作岗位的矛盾；公共资源（如医疗资源、教育资源、公共活动场所）分配的矛盾；生活方式、价值观、行为取向的冲突❹，等等。代际关系的冲突具有普遍性，表现在家庭、社会、文化价值、经济、政治等方面。代际矛盾的核心是代际利益冲撞。

老龄化社会运行中出现的突出问题还表现在投资结构失序，投资结构急需转向。原有的投资结构促进了我国经济社会发展和良性运转，但很多方面表现为失序。这种失序主要呈现在：投资主体结构失衡（政府主导投资突显，民间投资所占比重小）；投资产业结构失衡（传统工业产能过剩，第三产业发展缓慢）和投资区域结构失衡（东部地区明显高于中西部）；投资方向失序，过多地投资房地产，过多地投资道路桥梁建设，而与老年人紧密关联的投资比较单薄，如在养老机构的建设、

❶ 陈盛兰：《新常态下社会矛盾的综合治理》，《福州党校学报》，2016年第1期。

❷ 蒋京川：《国外积极老龄化视角下的代际关系研究》，《国外社会科学》，2014年第4期。

❸ 数据来源于《国家应对人口老龄化战略研究》相关课题测算结果。

❹ 吕晓莉，李志宏：《人口老龄化与社会代际矛盾及其治理》，《中国青年研究》，2014年第1期。

社区护理、服务领域和老年服务、护理人员的培训和老年人的精神文化需求方面的投资极少，而养老服务相关产业发展“放管服”方面才刚刚起步，等等。

第二节　老龄化问题应对的根本——科技发展

老龄化问题多，应对方式多种多样，纵观国（境）内外实践来看，老龄化问题应对的根本在于科技发展。发达国家应对老龄化集中表现在：政策引领、科技驱动和人才支撑三大“动力”如图 5－1 所示。

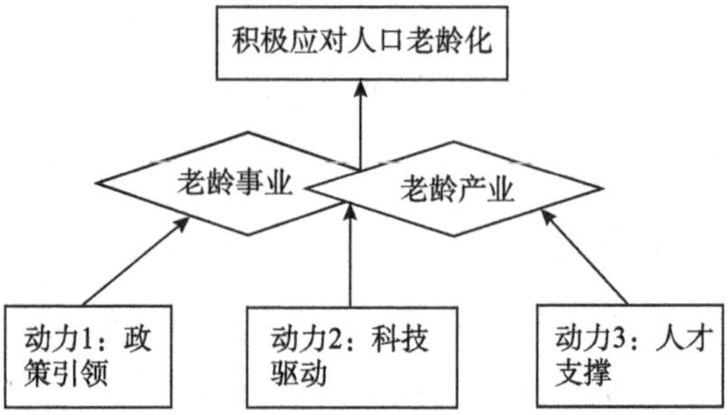

图 5－1　老龄化应对动力体系❶

实践证明，老龄化的应对，归根到底是靠提高劳动生产率、科技创新、劳动力科学组织和提高人的独立性等途径❷。应对老龄化的关键就是提高劳动生产率，而提高劳动生产率取决于总体教育水平、劳动力素质及科技创新能力。科技不是万能的，但离开科技应对人口老龄化是万万不能的❸。科技进步，劳动

❶ 张雪永：《积极应对人口老龄化视域下的涉老人才教育初探》，《西南交通大学学报（社会科学版）》，2017 年第 1 期。

❷ 邬沧萍：《把积极应对人口老龄化作为基本国策》，《群言》，2013 年第 8 期。

❸ 党俊武：《老龄化社会的革命——人类的风险和前景》，人民出版社，2015，第 366－367 页。

生产率提高，自然就有条件提高对非劳动人口的抚养能力。仅仅依靠鼓励生育或延长退休不能轻易解决老龄化问题。唯有依靠科技进步、提高生产率，才能在老龄化进程中保持经济的活力和社会的和谐[1]。当代技术进步对整个社会生产，尤其对就业有深刻的影响。索维认为，“技术进步永远有助于更充分的就业”[2]。积极应对老龄化，化解老龄化带来的经济发展的压力、社保医保的冲击、劳动力老化或短缺的问题、老年人照料服务需求与供给矛盾等方面的问题，最根本的需要是大力发展经济，而经济效率的提高和根本的驱动力在于科技进步，因而，加强科技创新发展，对于科学、积极地应对老龄化是必由之路。

一、积极发展科学技术，提升老龄化问题应对支撑水平

历史证明，科学的重大突破常常可引发新技术革命，加速社会发展进程，给人们生产、生活带来新变化。没有知识的运用和技术创新的支持与促进，可持续发展是不可想象的[3]。老龄化社会是现代文明进步的结果，科学技术是推动老龄化社会持续发展的决定因素，生产力高度发展使得老龄化社会可持续发展成为可能。在处于老龄化社会的今天，更应该积极发展科学技术，把发展科学技术作为应对老龄化的重要支撑。

当前，我国应加快各领域的科技创新，为老龄化社会的发展提供动力和活力。为了应对老龄化问题需要重点发展人工智能、大数据、云计算、医药卫生、干细胞、基因工程、老年康

[1] 赵兴利：《论我国人口老龄化问题的应对办法》，《环渤海经济瞭望》，2012年第9期。

[2] ［法］阿尔弗雷德·索维：《人口通论》（上册），商务印书馆，1982，第173－174页。

[3] 李京文：《迎接知识经济新时代》，上海远东出版社，1999，第64页。

复器具、老年智慧产品、“互联网+养老”等领域的产业或产品，为老年人的生活、娱乐和照料服务提供技术保障或产品供给。创建区域性的老年健康、老年智慧产品研发基地，为老龄化社会可持续发展提供强大的技术支撑，以网络化、数字化、绿色化、智能化制造为抓手[1]，引领支撑数字、平台、共享经济快速发展，更好地服务于老年人、老龄化社会。

二、整合涉老大数据，充分发挥现代智能科技的作用

进入21世纪以来，中国正加速进入老龄社会。互联网是老龄化社会的空间载体，大数据是其技术手段，对中国老龄社会健康发展意义重大[2]。随着互联网、物联网、云计算的发展和应用，数据已经渗透到各个行业。当前，以老年人口基本信息为基础，涵盖多项内容，包括老年人的健康信息及家庭信息、与老年人医疗和健康有关的医疗资源信息、能够为老年人提供各种服务的社会资源信息等的科学决策大数据库没有建立或统筹起来[3]。涉老行业的数据库还很不完善，关键多数还是各自为政，已有的涉老信息，例如，银行、民政、老龄、卫生、公安、住建、社保、残联等，成为行业之间封闭的“信息孤岛”，即便是同一系统也存在“分割孤立”的情况，例如，同为民政部门的福利、低保、婚姻、社区管理、社会事务等部门存在信息不畅，信息共享和工作协同难以实现，决策或服务部门存在着大数据时代无法用大数据的尴尬，自然也无法用大数据促进

---

[1] 方辉振：《振兴实体经济的核心——浅议制造业创新驱动发展战略》，《理论视野》，2017年第3期。

[2] 屈芳，郭骅：《“互联网+大数据”养老的实现路径》，《科技导报》，2017年第16期。

[3] 谭克俭：《智能养老：缓解未来养老压力的重要途径》，《中国人口报》2017年2月6日，第3版。

国家治理变革、治理能力现代化。

实践证明，只有获取大量的、准确的、有效的数据，才能实现数据算法的不断优化，最终形成安全可靠的决策或方案。随着新一代人工智能的发展，大数据作为一种基础设施加以建设，不同企业间、行业间健康数据的共建共享无疑是非常关键的。在政府的有力引导和监管下，通过企业、行业之间大规模地有序合作，共建共享健康大数据公共服务平台，也将会成为未来发展的必然[1]。为了充分利用大数据技术路径，提升政府治理现代化，必须整合涉老行业和部门的数据库，统筹整合孤立离散的信息系统，形成一体化的“互联网＋老龄服务”。政府需要围绕老年人的生活、安全、健康、娱乐、休闲等方面组织力量，开展收集、整理、利用和信息服务，架构老龄大数据平台，挖掘和开发老年人的大数据，为政府、社会和市场提供数据服务，实现信息共享和协同联动。当务之急，老龄化问题的应对，需要从涉老大数据方面入手，整合相关部门的信息，为老龄化问题应对提供数据平台和支撑。相关部门包括民政、老龄、卫生、住房、银行、公安、社保、残联等部门。

另外，还需要充分利用现代智能科技提升老年人护理、服务水平，丰富老年人的精神和物质生活。例如，利用老人代步车、智能化居家陪护系统[2]、智能腕表、智能护理床、护理机器人等，此外，利用“智能医疗”对社区、家庭和机构进行健康数据监测、远程会诊和急救定位，并通过远程“零距离”进行实时监测和跟踪，实时掌握老年人的健康和行为，弥补护理

[1] 宋煜：《人工智能视域下健康大数据的应用实践研究》，《中国发展》，2017年第6期。

[2] 眉间尺：《老龄化来势汹汹，科技准备好了吗》，《科技日报》2018年3月30日，第7版。

资源的不足，解决离家外出不能照料老人的忧虑[1]，真正实现全方位“医养结合”。

三、大力发展信息技术，加强老年技术产品和服务供给

时代呼唤把老龄产业与科技相结合，充分利用各种信息手段，开发养老产业是发展的总趋势。应具体做到以下几方面。

（一）大力发展高新技术，创新老龄化问题治理的载体

毫无疑问，延长生命是老龄化社会最突出的道德困境。医学技术已经有可能延长预期寿命，但不一定是一个人能独立活到高龄的那种具有活力的预期寿命[2]。技术的进步不一定能保证生命的质量。有可能使患病者从一种疾病中获救，却又以同样甚至更高的代价死于另一种疾病。有些技术进步不能完全使一些疾病患者具备能使生命延长更久的能力和责任。新的医疗技术要求新的伦理和实践。正如伏尔泰所说那样：只有真正的需求，才会有真正的快乐[3]。从这个意义上讲，技术的进步为老龄化问题的应对既带来了新的可能，也带来了一定的、新的、潜在的需求。高新科技的发展将为老年人提供更有尊严的养老方式。未来科技发展将给“就地老化”提供更强有力的手段和条件，为老年人提供更安全和有尊严的居家护理，为长者提供便捷的现代科技产品。信息技术的发展，已促使城市网络全覆

---

[1] 孙文德，沈风桂，张伟忠：《杭州智慧医疗建设现状及对策建议》，《现代城市》，2013 年第 4 期。

[2] ［美］N. R. 霍曼，H. A. 基亚克著：《社会老年学——多学科展望》，社会科学文献出版社，1992，第 618 页。

[3] ［法］伏尔泰：《伏尔泰精选集》，北京燕山出版社，2010 年。

盖，并使得紧急呼叫器、定位的腕表等智能类的设备大量涌现，已帮助老年人解决了多种难题，提高了老年人独立生活的自信心和技术条件。

老龄化社会治理要坚持问题导向，重视科技创新，提高智能化水准。信息通达是实现社会高效治理的必要条件。作为社会治理的核心，政府通过研究、报告、情报平台工具感知到大量的数据，要对其进行有效的编码和抽象，选择、提取和分类，为政府决策提供信息资源，促进社会治理的有效性。在开放—合作的治理模式中，各治理主体平等对话协商、交流信息、共享资源、增进合意，这一过程有利于培育社会资本、激发组织活力并促进知识的再生产，从而有效应对日新月异的环境变化[1]。

老龄化社会治理需要充分利用现代信息技术，这种现代治理手段可以收到事半功倍的效果。以信息化为支撑，以“X + 社会治理”形式为着力点，协调社会利益，凝集社会共识，化解社会矛盾，激发社会活力，推动社会发展[2]。运用法律、经济、行政、教育、说服、咨询等多种方式，为群众提供多样化、便捷的纠纷解决方式。法治、德治和自治规则是基层社会治理的有效结合，展现出多层次的治理创新。在老龄化社会治理方面，有不少借助于互联网信息这类载体成功实践的范例。例如，在基层治理方面，云南保山着力于使用手机，建立了“6995”网络服务管理信息平台，形成了“十户防线” + 移动 + 互联网基层社会治理新模式[3]“6995”，谐音“来救救我”，为很多老年人在邻居或他人的协助下及时就诊、减少风险构筑了一道防

---

[1] 张峰，孔繁斌：《信息空间视角下的社会治理模式创新》，《学海》，2016 年第 6 期。

[2] 潘川弟：《推进基层社会治理》，《江南论坛》，2016 年第 7 期。

[3] 贾云巍，王廷尧，朱金磊：《创新基层社会治理模式——再访保山“6995”网格化服务管理信息平台》，《云南日报》2015 年 5 月 13 日，第 1 版。

火墙。结合数据的变化和趋势进行分析，实现了静态管理变为动态的社会治理。达成了多主体的积极参与，实现了主体之间的互动与反馈，以满足动态社会治理的需要。同样，对老年人的社会参与的实现需要现代科学和技术援助。运用信息技术搭建“互联网+养老”平台能在一定程度上促进老龄群体的社会参与[1]。现代信息技术为老龄化问题治理提供了条件和可能，为老龄化问题的应对搭建了新的通路。

（二）加强老龄信息化建设，减少老年人群与其他人群的数字鸿沟

苏格兰学者维姬·汉森曾指出：“老年人已经是国际网络人口中成长最快速的族群”[2]。如今，互联网应该成为老年人打发时间的一种新方式[3]。但当前，很多老年人对新科技产品“望新兴叹”，视之为“异端”而拒绝和排斥，这是一种典型的老年人科技恐惧症[4]。一项调查显示，超过八成的老人不会发短信，过半不会上网，七成多不会使用提款机[5]。中国互联网发展统计数据显示，截至2017年6月，中国的互联网用户达到7.51亿。从图5-2所示的年龄结构来看，60岁及以上网民仅占4.8%[6]，与当前老年人占比相较差距大，他们正遭受“科技恐惧症”。

---

[1] 张雪永：《积极应对人口老龄化视域下的涉老人才教育初探》，《西南交通大学学报（社会科学版）》，2017年第1期。

[2] 邵其会：《基于产业融合的养老服务业发展模式与对策》，《现代商业》，2014年第12期。

[3] 李红心：《人口老龄化与现代服务业发展关系研究》，北京师范大学出版社，2012，第265页。

[4] 韩振秋：《略论老年人科技恐惧症及其治理》，《中国老年学杂志》，2017年第22期。

[5] 赵唤：《如何克服高科技恐惧症》，《浙江老年报》，2011年1月12日，第11版。

[6] 数据来源于《2017中国互联网络发展状况统计报告》[EB/OL]. http://www.sohu.com/a/162404995_790657。

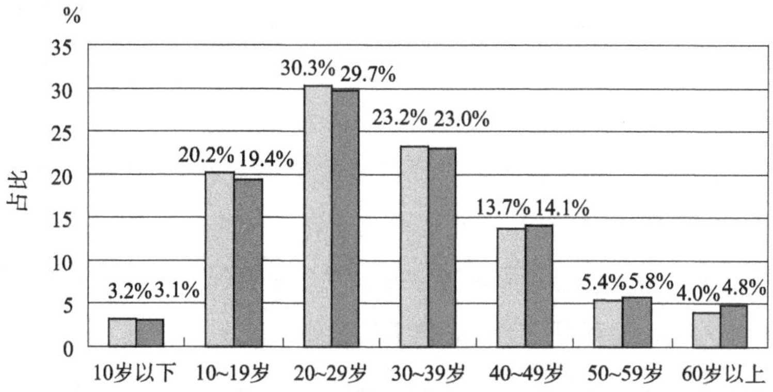

图 5-2 中国网民年龄结构[1]

面对强大的"虚拟社会"，老年人群处于被"边缘化"的状态，这对他们生存和发展极为不利[2]。对老年人来说，参与社会发展是基本权利，也是"积极老龄化"的重要课题[3]。老年人必须与年轻人共同学习，了解如何走未来之路。上述数据充分说明，老年人没有充分享受网络社会的发展成果。不难看到对老年人科技恐惧症的治理刻不容缓，加强老龄信息化建设，减少老年人与其他人群的数字鸿沟成为当务之急。为缩小信息技术鸿沟，需要社会各界积极面向老年人普及信息技术知识，有针对性地提供满足老人需要的信息科技产品和网络服务[4]。

（三）大力发展"互联网+"技术，为老年人提供优质服务

现今，越来越多的老年人服务需求从一般的家政服务和生

---

[1] 数据来源：中国互联网络信息中心发布中国互联网发展情况调查（2017 年 6 月）。

[2] 王永梅：《网络化时代人口老龄化问题的若干思考》，《中州学刊》，2016 年第 1 期。

[3] 邬沧萍，姜向群：《老年学概论》，中国人民大学版社，2015，第 47－49 页。

[4] 陈骞：《欧盟以信息化应对老龄化》，《上海信息化》，2015 年第 4 期。

活照料，转向高质量的护理和保健。集成、互联和智能信息技术、“互联网+”，将使得老年人的家庭生活扩展到改善家庭生活质量上来。例如，学会网购可满足老年人轻松快捷的消费需求，远程医疗可让老年人方便及时地得到诊治❶。利用“互联网 + 养老”，可为老年人实现健康咨询、物品代购、服务缴费、线上线下等老年服务需求项目❷及呼叫服务和应急救援服务。无疑，这都得益于信息技术的发展和进步。

运用现代科技手段和产品的添加与综合，为社区居家老年人提供全面的技术支撑和信息服务，满足工作人员、老人子女或邻居，110、120 等无缝对接，实现老年人的需求和供给完美结合，具体的信息服务内容和组织方式可参照（安徽省 L 市养老信息服务中心社区居家养老的做法）图 5 -3 和图 5 -4。

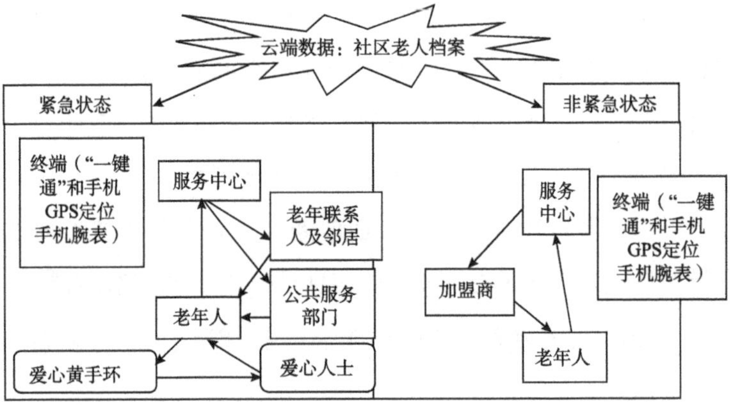

图 5 -3　养老信息服务中心内容解析图❸

❶ 翟振武，陈佳鞠，李龙：《“智慧养老”：应对老龄化的一个新趋势》，《北京日报》，2016 年 12 月 12 日，第 14 版。

❷ 李玉玲：《“十三五”时期我国养老服务业发展的基本思路与对策建议研究》，《人口与发展》，2016 年第 5 期。

❸ 陈丽雯，卓立立：《科技养老：互联网时代社区居家养老新方式——以安徽 L 市养老信息服务中心为例》，《中共合肥市委党校学报》，2017 年第 3 期。

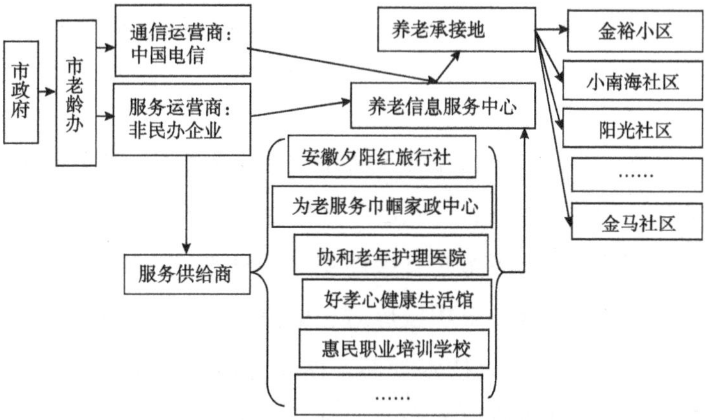

图 5-4 养老信息服务中心组织方式示意图[1]

随着信息技术的发展，未来的机器人可能发挥巨大的作用，可能为老年人提供全面的无人照料服务，使老年人最大限度地自理、自立[2]，不仅可以提高养老的安全感、舒适度[3]，而且还能明显减轻养老护理员的工作强度，更重要的是，随着智能化养老技术的提升和产业化的加快[4]，老年消费市场得到有效开发，对形成新的经济增长点，拉动经济增长将具有重要的意义[5]。信息技术的发展不仅可为老年人提供优质高效服务创造了支撑，也为智能化养老产业化发展提供了新动能。

---

[1] 陈丽雯，卓立立：《科技养老：互联网时代社区居家养老新方式——以安徽 L 市养老信息服务中心为例》，《中共合肥市委党校学报》，2017 年第 3 期。

[2] 赵宝华：《科技新发展将为老龄事业开辟广阔道路》，《中国老年报》2000 年 12 月 29 日，第 3 版。

[3] 马凤领，李明杰：《加快科技创新，推进科技养老》，《第六届北京国际康复论坛》，2011，第 625 页。

[4] 张来明：《发展智能化养老积极应对老龄化》，《中国经济时报》，2013 年 12 月 9 日，第 1 版。

[5] 张雪永：《积极应对人口老龄化视域下的涉老人才教育初探》，《西南交通大学学报（社会科学版）》，2017 年第 1 期。

四、以科技创新克服老龄化负效应，促进经济新发展

当前，中国经济已经进入经济转型的关键期，原来靠资本、资源投入的粗放型增长方式已与现代经济发展和人类文明进步的要求相悖。中国老龄化社会的到来，机遇与挑战并存，但机遇大于挑战，关键是要积极应对、尽快应对、科学应对。可行的应对路径是，通过技术创新，提高老龄产业的整体技术水平[1]，充分挖掘老龄相关产业发展，打造经济增长的新一极。具体来看，促进经济的新发展可以通过采取如下措施实现。

（一）以技术创新调整产业结构，大力发展经济

在老龄化背景下，技术进步和生产率不断提高是维持中国经济可持续增长的源泉[2]。技术进步的三种具体表现形式为：提高劳动生产率、改进产品质量及创新开发新产品[3]。老龄化社会的到来，出现了一些新问题，特别是劳动力老化及短缺的趋势，为企业及早布局，倒逼企业创新提供了压力和动力，企业积极发展资本与技术型产业，有序减少劳动密集型产业，成为老龄化应对的必然要求。为应对老龄化当务之急是发展健康产业和老年服务业，调整产业结构。健康产业革命的重点是生命科学，在发达国家健康产业占劳动力市场的比例非常可观。在老龄化社会这样的大背景下，在产业结构的调整过程中，一些房地产企业、国企、金融资本进入了老龄产业，只有调整好

---

[1] 张孔娟，蔡喆丰：《融入新元素应对老龄化 ——盘点深圳“后老博会”的效应》，《中国经济时报》，2016 年 9 月 2 日，第 8 版。

[2] 彭秀健：《中国人口老龄化的宏观经济后果——应用一般均衡分析》，《人口研究》，2006 年第 30 期。

[3] 施锦芳：《人口少子老龄化与经济社会可持续发展——以日本为例》，科学出版社，2015，第 5 页。

产业结构，才能避免宏观经济因产业结构不合理而放大系统性风险[1]。很多企业以技术创新为依托，大力发展适宜推广的老年健康技术，着眼于科技成果的综合创新和普及，卫生科技的重点应前移，更重要的是下移[2]。显然，大力发展老年产业，对于促进生产力进步、调整产业结构，促进经济可持续发展具有积极意义。

老龄化问题应对的最终指向是经济社会协调发展，并且以经济又好又快发展为支撑，没有经济的发展，老龄化应对所需要的技术、资金、人力、服务设施、制度保障等都会成为无源之水。正如J. 布尔热瓦－皮夏指出的那样："无论什么制度，首先必须让市场提供足够的财富和足够的服务"[3]，否则，一切都是不可能的。可见大力发展经济、提高劳动生产率、做大财富蛋糕、培育服务市场是老龄化应对的基础。

（二）实施老龄科技创新计划

经济发展短期可以靠消费，但长期主要还是靠创新。历史业已表明，一个国家的强大都是靠重视科技自主创新实现的。人口老龄化改变了从事经济活动的人口结构和组成，将导致劳动力的相对减少，克服这一不利影响的根本途径，就是利用自主科学技术创新，提高劳动生产率。以科技创新驱动战略，对冲老龄化对经济带来的负面影响[4]，缓解老龄化带来的人力、经济发展等方面的压力。

---

[1] 赵兴利：《论我国人口老龄化问题的应对办法》，《环渤海经济瞭望》，2012年第9期。

[2] 郝晓宁，胡鞍钢：《中国人口老龄化：健康不安全及应对政策》，《中国人口·资源与环境》，2010年第3期。

[3] ［法］保罗·帕伊亚著，杨爱芬译：《老龄化和老年人》，商务印书馆，1999，第58页。

[4] ［法］保罗·帕伊亚著，杨爱芬译：《老龄化和老年人》，商务印书馆，1999，第391－392页。

现阶段，老龄产品的核心技术掌握在发达国家手中，将老龄产业核心技术发展纳入科技创新战略，实现老年科技自主创新能力的突破[1]，提前部署，在老年健康长寿、照料护理康复辅具、生物制药基因工程等关键领域获得突破性进展势在必行。在国家层面，实施老龄科技创新计划，建设国家老龄科技研发平台，掌握国外老龄科技进展动向，建立老龄科技研发信息库和发布平台，在全国建立一批老龄科技创新基地或示范园，建立一批老龄产业协同创新研究中心，建设一批人工智能研究开发基地，利用现代信息技术，建立老年人照护服务信息平台，开发智能机器人为老年人提供照料和各种服务等[2]。为老年人提供智能生命护理和医疗保健、信息咨询服务。

（三）运用科技创新，促进科技成果服务养老

在经济、社会快速发展的新时代，应把科技创新运用到养老产业和产品上，促进养老事业发展[3]。把老龄化问题作为“政策创新”和“技术创新”的新结合点，激发各方的“创新原动力”[4]，借助科技创新，开发医护类新型产品和服务，支持老年人高质量的独立生活[5]。促进科技成果在养老服务领域的深度应用。例如，老年人日常生活用品方面，利用高科技的淋浴设备、可升降的床和椅子、易穿脱的衣服、老年人网上护理、健康监测、紧急呼叫、无线定位、建立养老服务信息平台、发

---

[1] 党俊武：《应对人口老龄化顶层设计刍议》，《老龄科学研究》，2017 年第 1 期。

[2] 党俊武：《老龄化社会的革命——人类的风险和前景》人民出版社，2015，第 421－422 页。

[3] 徐新，张钟汝：《超老龄社会政策的演进及挑战》，广西师范大学出版社，2012，第 167 页。

[4] 聂建刚：《“负担”变“机遇”——欧盟通过“创新伙伴关系”积极应对老龄化》，《全球科技经济瞭望》，2014 年第 12 期。

[5] 聂建刚：《“负担”变“机遇”——欧盟通过“创新伙伴关系”积极应对老龄化》，《全球科技经济瞭望》，2014 年第 12 期。

展远程医疗护理、远程诊疗的转诊机制等❶，保障老年人的利益。借助现代科技进步，为老年人量身定制个性化的治疗康复和健康养生方案❷。丰富老年人的晚年生活，提升老年人的生活质量。

（四）积极打造银发产业群，激发内需，促进就业

随着老龄化的深入及老年需求和购买力的提高，政府和企业应该重视老年市场，从医疗、养老、护理及科技生活辅助产品方面大力推进“银发产业”发展，使其成为拉动内需及促进就业的重要途径。借助科技创新，积极打造银发产业群。

借助现代科技，积极打造银发产业群，如图 5 –5 所示。银发市场内涵丰富，包括老衰市场、退休市场和兴趣市场。老衰市场包括护理服务、护理用品、生活辅助商品、自助使用的日常用品等❸。退休市场包括娱乐服务、社会交往等方面。兴趣市场包括老年食品、怀旧服务及设施等。通过银发产业群的建立，不仅可以实现经济新的增长极，而且拓展了我国的第三产业群，延伸了产业链，拓宽了就业渠道，增加了就业人数。仅以北京为例，2017 年建成了 350 个社区养老服务驿站，2020 年要完成 1000 个社区养老服务驿站的建设任务，按每个驿站照料服务周边的 100 个老人来算，就可以满足 200000 个老人的居家社区养老需求，一个服务驿站可以安排 10 人在这里就业，就可以实现 20000 人的就业。由此拉动老年人的消费需求及相关的消费，从而促进就业十分可行。

---

❶ 顾严：《人口老龄化：从阶段性应急到常态化治理》，《宏观经济管理》，2015 年第 10 期。

❷ 顾严：《人口老龄化：从阶段性应急到常态化治理》，《宏观经济管理》，2015 年第 10 期。

❸ ［日］上野千鹤子著，公克，晓华译：《高龄化社会——四十岁开始探讨老年》，辽宁大学出版社，1991，第 12 页。

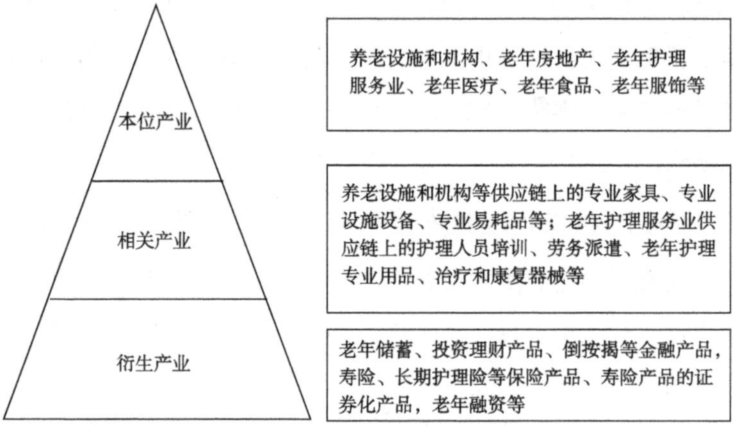

图 5-5　银发产业群构建❶

打造以托养、照护为核心，以医疗、保险、家政服务等为依托，以健康养生、旅游休闲、医养融合为特色的养老“全产业链”。大力发展技术密集型产业，扩大消费需求，发展现代科技，实现人的科学发展、全面发展❷。这就需要政府及早制订老龄产业发展规划，落实产业扶持（低息贷款）政策，加强监管，鼓励老年产品和服务的研究和开发，注重品牌引领，培育龙头骨干，打造行业领军力量，鼓励企业技术创新和成果转化，搭建“官产学研社用”老龄产业联盟，推动老龄产业健康快速发展❸。充分认识和把握老年人的实际需要，有针对性地进行有效供给。通过技术创新提高老龄产业整体技术和服务水平❹，做强、做大老龄产业。

---

❶ 载管萍，李正龙：《国外老龄产业发展对我国的启示》，《观察家》，2012年第8期。

❷ 顾严：《人口老龄化：从阶段性应急到常态化治理》，《宏观经济管理》，2015年第10期。

❸ 李超：《中国老龄产业发展研究》，中国人民大学出版社，2015，第185－186页。

❹ 何孝瑛：《科技创新推动老龄产业发展》，《中国经济时报》2016年8月5日，第8版。

不可否认的是，随着科学的发展，特别是生命科学和医学技术的发展，人们的寿命将更长，年龄相对较高，残障人士的数量将增加，这其实从一个侧面说明科技进步又带来了一些亟待充分考虑的“科技异化”的问题。这就需要一方面充分发展科技，以新的科技解决新的问题；另一方面，需要在老年科技产品研发中赋予其更多人文的、价值的理性，充分考虑老年科技产品的运用可能会给老年人、社会、文化等方面带来哪些影响。无论怎样，不能否认科技发展在老龄化应对中的重要地位和作用，需要大力发展、充分发展科技。

第三节　老龄化问题应对的观念创新和政策优化

以上分析表明，老龄化衍生出的社会、经济、文化等多方面的问题，给我国老龄化社会的可持续发展带来了冲击。以上也证明，老龄化问题的应对，在于科技进步，在于劳动生产率的提高，在于经济社会的发展。但应对的根本还是科技的进步和发展，因为，生产力水平提高、经济社会发展的动力源泉在科技进步。不可否认的是，老龄化社会的可持续发展及老龄化相关问题的应对也需要科学的价值观念和创新的制度框架、机制。但就目前来说，关于老龄化问题应对在观念创新方面、政策框架设计方面还存在一些不足，亟待优化。

一、树立科学的老龄观，辩证看待老年人和老龄化问题

观念转变是应对人口老龄化的首要问题，主要体现在如何辩证地看待老龄化以及老年人。社会对老年人价值的判断，深刻影响着老年问题的理解和应对问题的策略设计。

（一）如何看待老年人及老龄化是老龄化问题应对的前提

现今的老年人是非常多样化的群体，老年人的收入、健康和社会支援大大影响着老年人的生活质量。照顾老年人是社会的责任还是个人的责任，这一切都影响着社会政策的制定和取向。如何看待老年人及老龄化问题是积极应对老龄化的前提和基础，既要看到老年人的价值所在，又要看到老龄化问题映射出的积极和消极价值和效应。做到以价值视角来看待老年人及老龄化问题。

德谟克利特说过："身体的力量和美丽是青年的长处，智慧之美则是老年所特有的财产。"[1] 康德还说："老年时要像青年一样快乐"！青年如百灵鸟，有它的晨歌；老年，像夜莺，应该有它的夜曲。[2] 老年人的政治取向一般稳定，不易犯根本性的、冒进性的政治错误[3]。马基雅维利说过，"人类前途一半受机会控制，另一半受人力控制"。老龄化社会绝不仅仅是老年人的事情[4]。年龄平等，相互包容，生命尊严[5]，都是老龄化社会的需要尊崇的文化理想。戴维·L. 德克尔指出：事实上，每个家庭都有老人，每个人都会变老，每个人都是老龄化社会的一个有机组成部分，对衰老的研究实际上就是对自己的研究[6]。老

---

[1] 北京大学哲学系外国哲学史教研室：《古希腊罗马哲学》，商务印书馆，1961。

[2] ［德］康德：《康德说道德和人性》，华中科技大学出版社，2012。

[3] ［美］N. R. 霍曼，H. A. 基亚克：《社会老年学》，社会科学文献出版社，1992.

[4] 党俊武：《老龄化社会的革命——人类的风险和前景》，人民出版社，2015，第 375 页。

[5] 党俊武：《老龄化社会的革命——人类的风险和前景》，人民出版社，2015，第 278 页。

[6] ［美］戴维·L. 德克尔著，沈健译：《老年社会学——老年发展进程概论》，天津人民出版社，1986。

年人不是他人，不是别人，其实就是我们的亲人，就是我们自己。正确认识老年人，要求老年人和社会各界对老年人和老年现象采取辩证、科学的态度。西塞罗说过："老人有一颗年轻的心，虽然身体会衰老，但内心却永远不会老。"[1] 历史和跨文化的研究也表明老年人最大限度地参与是公共政策优先选择的道路[2]，这也足以说明对老年人及老龄化问题认知的重要性。认识老年人的社会价值，需要老年人有一定的自我认知，不培养个人奋斗精神的地方，公众福利事业就不可能发达。为此，需要激发老年人的自我认知，提高老年人对自身价值的认识。

（二）树立科学的老龄观，消除老年歧视

老龄化问题应该从积极的方面来分析和应对，应该把老龄化对我们的影响看成是一个胜利，而不是一个难以处理的问题[3]。长寿——最好是幸福和舒适的长寿——永远是人类希望拥有的和奋斗的支柱[4]。一旦社会老龄化所引起的矛盾和问题得到彻底解决，它就应该作为人类的一项成就，名列其他现实的技术进步或物质进步之前[5]。老龄化与其说是一个"问题"，不如说是一种积极的挑战[6]。

科学的老龄观包括：科学的人口老龄观；科学的老龄问题观；科学的老年观。老龄化不是简单的价值判断问题，而是人

---

[1] 李超：《中国老龄产业发展研究》，中国人民大学出版社，2015，第23页。

[2] ［美］N. R. 霍曼，H. A. 基亚克著：《社会老年学——多学科展望》，社会科学文献出版社，1992，第58页。

[3] ［美］P. 塞尔比，M. 谢克特主编，新蔚、黄育馥译：《老龄化的二000年——对社会的挑战》，生活·读书·新知三联书店，1987，第233页。

[4] 田晔：《老龄化时代的社区养老服务模式研究》，硕士论文，山东大学，2011年，第2页。

[5] 胡启生：《后薪愿待心火传——透析老年文化老年人和老龄事业》，《干部人事月报》，1996年第3期。

[6] ［美］P. 塞尔比，M. 谢克特主编，新蔚、黄育馥译：《老龄化的二000年——对社会的挑战》，生活·读书·新知三联书店，1987，第243页。

类社会发展规律性问题，是现代化的必然结果[1]；老龄化问题从性质上说既是复合型问题，又是系统性问题，从根源上说是人口年龄结构和经济社会发展之间的矛盾。大家都是老年人，老年人是财富创造者和享有者，老年人要自尊自强。只有充分认识到这些，才能真正引起全社会的重视，这也是从经济层面应对老龄化问题的前提[2]。必须指出的是，如果社会强化对特殊年龄群体存在的误解，这个群体的成员就会感到他们自己与众不同，由此导致自卑感。相反，一个尊重老年人并认为老年人具有为社会的发展做出贡献的独特能力的社会能够使社会本身及老年成员获得好处。例如，年龄歧视就是一种典型的对老年群体抱有盲视或排斥的偏见，由此导致的后果就是，很多人会认为，这个群体的所有成员都有消极的特点，而这种观念的源头常常是由衰老会使人虚弱、没有吸引力、没有生气和无用的看法演变而来的，也是人们对自身衰老的恐惧，并因新闻媒介和广告强调衰老的不利影响的信息而强化的结果，是一种以年龄为界限的社会歧视。许多人对衰老的恐惧和担心，源于我们的文化对老年人的消极态度，对其肉体、精神、社会地位和生活等方面的误解[3]。

年龄歧视是一种偏见，由此造成最经常的后果就是对老年群体的歧视行为。很多人认为老年人缺乏才智、不能被雇佣、不具备生产能力、日渐衰弱和无诉求，以上种种想法并无事实依据。在我们的社会也曾有像罗伯特·巴特勒所指的旧观念：老年的悲剧不在于我们每个人必定会变老和死亡，而在于给老年人带来了不必要的、有时甚至令人难以忍受的痛苦、羞辱、

---

❶ 党俊武：《老龄化社会的革命——人类的风险和前景》，人民出版社，2015，第322－323页。

❷ 李军：《积极应对人口老龄化的经济发展战略选择》，《群言》，2013年第7期。

❸ ［美］N. R. 霍曼，H. A. 基亚克著：《社会老年学——多学科展望》，社会科学文献出版社，1992年版，第1页。

衰弱和孤立[1]。社会的价值观一旦发生变化，一些旧观念就能发生改变。现在，越来越多的公众意识到老龄公民的力量和贡献。索罗的结论生动说明了19世纪中期以来对老年人歧视的增长：老年人不再有用，几乎完全没有资格做年轻人的导师，年龄的增长得不偿失[2]。由此可见，社会对老年人的尊重或歧视对老年人的影响是何其巨大和深远。这种歧视不利于老年劳动者重新进入劳动力市场，也不利于老年人的心理健康。年龄歧视可能导致原本旨在帮助老年人的社会政策，但实际上可能强化年轻人对老年人有成见的看法和行为。

（三）改变传统的价值观，积极应对老龄化

全社会要以“老有所用”改变过去传统的“老有所养”的价值观认知，以“老有所为”改变过去传统的“老有所乐”取向。老年人自身也要改变一些错误观念，例如，社会为我论、急流勇退论、退出历史论等[3]。老年人也应像英国哲学家培根说的那样，“应该承担自己发现幸福的责任”。老年人和死亡一样，都是一个合乎自然规律的过程，也是生命本身的组成部分，所以应该在宁静的气氛中为这个过程做好准备。老年人退休后不应受到屈辱或隔离，社会参与是一种动力源泉和情绪、精神上满足的良剂。我们应该学会医治还在继续产生弊端的文明和生活方式，而不是仅仅医治那些病症[4]。健康长寿本身是一种价值诉求和选择，其前提是主体对自身生命意义和价值的认知，

---

[1] ［美］N. R. 霍曼，H. A. 基亚克著，冯韵文，屠敏珠译：《社会老年学——多学科展望》，社会科学文献出版社，1992年版，第4页。

[2] ［美］N. R. 霍曼，H. A. 基亚克著，冯韵文，屠敏珠译：《社会老年学——多学科展望》，社会科学文献出版社，1992年版，第51页。

[3] 老龄问题国际讨论会文集中文版编辑组：《老龄问题国际讨论会文集》，劳动人事出版社，1988，第137页。

[4] ［美］P. 塞尔比，M. 谢克特主编，新蔚，黄育馥译：《老龄化的二000年——对社会的挑战》，生活·读书·新知三联书店，1987，第3-4页。

珍惜生命和热爱生活是健康长寿发展的动力和活力[1]。世界卫生组织强调，人们的健康和寿命60%取决于他们自己[2]。可见，健康主要取决于个体的、积极的人生态度，取决于广泛地参与社会发展实践活动，这样才能真正实现“老有所为”。

积极应对老龄化，首先表现在从政府到社会，再到每个人都对老龄化都有正确的意识，以积极的态度来客观地评价和认识老年人和老龄化社会及其带来的问题。消除一些把老龄化问题看作老年人问题或养老问题的偏见，对全社会来说都会获益。通过多种手段增强全社会应对老龄化的意识。例如，充分利用电视、报纸、网络等媒体，向社会大众普及老龄化知识，通过各类学校加强老龄化形势与任务的国情教育，广泛宣传传统孝道、老龄政策、法规和敬老爱老孝老先进典型等，明确社会和家庭的责任。通过“重阳老人节”“敬老月”、慰问困难老人等活动，营造良好的敬老、助老社会环境[3]。实现老有所养，提高老年人的生活质量。

必须树立科学的老龄观，以价值视角辩证地看待老年人和老龄化问题，只有以这样科学的态度，才能正视老年人，正视我们身边的长者，也才能正视我们自己，才可能实现老龄化与社会经济的协调、可持续发展[4]。

（四）改变对自我价值和社会功能的定位，积极参与社会活动

早在2000多年前，古罗马政治家西赛罗就已经认识到老年

---

❶ 李旭初：《我的老龄观》，武汉大学出版社，2014，第23页。

❷ 李旭初：《我的老龄观》，武汉大学出版社，2014，第193页。

❸ 杨宜勇，张本波等：《及时、科学、综合应对我国人口老龄化研究》，《宏观经济研究》，2016年第9期。

❹ 王冰：《社会深层的人口效应与人口老龄化的社会影响》，武汉大学出版社，2006，第213页。

人作为舵手的导向作用。他认为，老人不能做有用的事是不当的，这意味着掌舵的人对船毫无用处[1]。老年人还有一种观念：一个人一旦到了某种年龄，他就自然而然地成为一个应该接受医药治疗的病号[2]。冲破自我对老龄的否认是不容易的，“但只有当我们不再将老龄本身，即老年人本身，定义成‘问题’时，我们才能解决这些问题[3]。正如迪茨认为的那样，“老年人需要‘在自己的社区中提高自己的地位’，不要再做围篱笆的事情，而去做架设桥梁的事情，努力与其他群体合作，‘去改变许多社会上的问题’”[4]。人们要为一个公正的、关心群众的社会而奋斗。作为老年人，铭记“接人东西的手总是在给人东西的手的下方”，这样不行。历史告诉我们，最成功的应对老龄化的问题的方法需要靠老年人自身自强。老年人不仅要对自身的社会价值和功能有正确的认识，社会和各级政府也要为他们实现自我价值创造条件，发挥其积极作用。随着老龄化社会的到来，老年人逐渐增多，他们不仅是社会稳定和谐的重要力量，也是国家、社会和家庭的宝贵财富。老年人可以在家庭和社会中发挥其作用，实现自己的价值，获得幸福感。老年人如何发挥其在家庭中的作用自不待言，要想发挥其在社区、社会中的作用，就需要社区、社会为其提供良好的敬老、爱老的环境和桥梁及平台。例如，在社区层面，可以组织健康、低龄老年人维持社区治安，照顾高龄、独居、空巢老年人，特别是身

---

[1] 《名人话老年》，《中国老年报》2002 年 7 月 11 日，第 4 版

[2] ［美］P. 塞尔比，M. 谢克特主编，新蔚，黄育馥译：《老龄化的二 000 年——对社会的挑战》，生活·读书·新知三联书店，1987，第 2－3 页。

[3] ［美］贝蒂·弗里丹著，李淑琴，李欣，等译：《生命之泉喷涌》，作家出版社，1997，第 56 页。

[4] ［美］贝蒂·弗里丹著，李淑琴，李欣，等译：《生命之泉喷涌》，作家出版社，1997，第 608 页。

体不能自理的老年人；让有一定专长的老年人带动其他老年人学习和娱乐，开办一些兴趣班或讲座等。在社会层面，社会组织或企业可以返聘一些学有所长的退休老年人，从事一些急缺的、力所能及的工作，既为社会做贡献，又可以增加老年人的经济收入，防止因老致贫。在政府层面，可以创造条件，开发一些由政府投资的公益岗位，让一些有条件的老年人参与其中，政府还可以为老年人的养老、学习创造机会，搭建平台，进一步提升老年人的综合素质和再就业能力。

总之，理念是行动的先导和基石，没有思想的变革就没有其他变革[1]。理解一个社会的老龄化，从整个社会的观点来分析老龄化是很重要的[2]。积极应对老龄化更需要全社会共同努力，全社会需要改变对老年人及老龄化问题的认知，需要打破陈旧的观念，应把老龄化看成是一种积极的挑战，而不是看作需要解决的问题。对老年人固有的丰富价值，社会要给予充分的重视，维护他们的尊严，保障他们自主选择自己的行为的权力，实现其创造力和其他能力的发展[3]。要使当前的老年人、中青年人对未来的养老有信心，在人口老龄化的形势下，使人们对经济和社会的可持续发展充满信心。

二、老龄化问题相关政策框架及优化

关于老年人的政策，不论是保健政策还是社会政策，都要着眼于使老年人继续留在既尊重老年人又尊重全体居民的社会里。不能为老年人提供机会积极参与社会活动的国家是正在失

---

❶ 施祖美：《老龄事业创新社会管理》，社会科学文献出版社，2013，第249页。

❷ ［美］戴维·L. 德克尔著，沈健译：《老年社会学——老年发展进程概论》，天津人民出版社，1986，第25页。

❸ 蒲新微：《走进老年群体：从关怀到关照》，中国社会科学出版社，2014，第46页。

去机会的国家，更重要的它是一个阻止许多有用和有能力的人继续为他人创造利益并享受自己生活满足感的国家❶。在一个处在老龄化的社会里，政策发展的短视是充满着危险的。我国围绕老龄化应对方面的政策框架还存在一些不足，亟待优化。

（一）我国主要的政策法规现状

近年来的涉老政策或与老龄化应对相关的政策法规主要有以下几个层次：

习近平系列讲话，对老龄工作指导意见及十九大报告中包含的应对老龄化的思想内容；一些规划或决定，如《“十三五”国家老龄事业发展和养老体系建设规划》《“十三五”健康老龄化规划》；一些法律，如《老年人权益保障法》；国务院办公厅相关通知、意见，如《关于全面放开养老服务市场提升养老服务质量的若干意见》；多部委联合下发的通知或意见，如《关于加强农村留守老年人关爱服务工作的意见》；各部委的行政法规、通知和办法，包括养老机构的设立许可、养老院服务质量的基本规范等。除了国家层面上的相关政策法规，地方各级政府也有一些本地区的不同层级、层面的政策法规应对老龄化，这里不再赘述。

（二）现有政策法规缺陷

现有的政策法规对老龄化问题的应对起到了重要的助推作用。但实践来看，目前，我国在法律和制度建设方面还存在许多不足，不能达到依法建立老年人福利保障的目的，也使得许多政策的实施无章可循，没有可遵循的法律。中国缺少《老龄事业促进法》《老年人福利法》《老龄服务法》等专项法律，与老龄大国不相称，需要加快这些法律的制定。1982 年，维也纳

❶ 李旭初：《我的老龄观》，武汉大学出版社，2014，第 189 页。

老龄问题世界大会指出，对于老年人而言，任何有关老龄的问题都不比维持收入更重要。老年人，尤其是残疾老年人不可避免地增加，残疾老年人对家庭和社会都会产生深远的影响，首先是对老年人和家庭的经济支持困境。解决这一问题的根本抓手就是尽快实施长期护理保险制度，这项制度目前仅仅处在实验探索阶段，没有全面推广。

另外，我国还存在养老服务政策法规碎片化、不健全、落地难的问题；养老政策法规立法层次和效力较低的问题，除了《老年人权益保障法》外，大都停留在国务院以及组成部门的规范性文件；家庭养老政策支持不足；很多政策，缺少统筹，相关制度“短视化”，应急性明显；助老志愿全国性制度缺失；技术移民政策缺乏，生育政策配套不足，养护服务专业人才培养不足、流失严重，老年人才资源开发不够，涉老人才队伍建设政策不足，最大的缺陷在于，老龄化应对至今只是处于国家战略层面，没有上升到国策层面，等等。

（三）老龄化问题应对的政策优化

任何国家的可持续发展、社会正义和政治稳定都取决于经济权利、政治权利和社会权利的平衡[1]。老年人的社会权利最容易受到伤害。一个功能齐备的社会保障制度是现代社会的基本要素[2]。为了做好老龄化问题的应对，需要在顶层设计上、法规政策建设上予以加强。老龄化问题的应对政策法规急需完善和优化，主要包括：

---

[1] 苏春红：《人口老龄化的经济效应与中国养老保险制度选择》，经济科学出版社，2010，第2页。

[2] ［美］劳伦斯·汤普森：《老而弥智——养老保险经济学》，中国劳动社会保障出版社，2003，第3页。

1. 积极推动把应对老龄化上升为新的基本国策

中华人民共和国成立以来，我国先后出台了一些诸如计划生育、男女平等、对外开放等基本国策。这些基本国策对整个国家阶段性任务的完成和目标的实现发挥了重要作用。关于老龄化应对在宪法中没有明确规定，相关政策法规也缺乏整体、统筹效果。另外，老龄化应对缺乏顶层设计和统一规划，缺乏合力❶。中国的老龄化形势需要从整体、战略和长远方面集成，应对策略应该从基本国策的高度统筹。我国老龄化呈现出如下形势：进程不可逆转、基本特征不可复制、所引发的挑战不容乐观❷。未来几十年，中国 60 岁及以上的老年人占比将达 30%，这是无法回避的境况，只能因势利导，处理好经济社会发展和老龄化的矛盾，保证经济持续稳定地发展❸。

老龄化将在 21 世纪在我国蔓延。老龄化的新形势呼唤新的与老龄化问题有关的国家政策。在国家基本政策指导下，真正把人口老龄化转化为长期的有利因素❹，促进国家的健康可持续发展。只有依靠国家意志，才能促进老龄产业健康发展。十九大非常重视老龄化应对，新的老年人权益保障法也确立了老龄化作为一项长期的战略任务，这足以说明在理论和政策上把老龄化应对作为基本国策布局的时机和条件已相对成熟。

2. 构建完善的老龄化问题应对体系

纵观世界各国，应对老龄化问题的政策不外乎有三种：延迟退休、鼓励生育、引进移民，其核心是增加社会生产人口。

---

❶ 陆杰华，郭冉：《从新国情到新国策：积极应对人口老龄化的战略思考》，《国家行政学院学报》，2016 年第 5 期。

❷ 陆杰华，郭冉：《从新国情到新国策：积极应对人口老龄化的战略思考》，《国家行政学院学报》，2016 年第 5 期。

❸ 邬沧萍：《把积极应对人口老龄化作为基本国策》，《群言》，2013 第 8 期。

❹ 江丹：《应对人口老龄化“六策”》，《学习时报》，2015 年 12 月 31 日，第 5 版。

为了应对老龄化社会的挑战，足够广阔的政策框架必须包括关心所有年龄群体的长期利益，赞赏支持家庭作为一种社会事业机构的政策和理解在人力资源方面的公司投资的重要性，这将决定未来的各种可能性❶。要完善生育、就业和养老政策及与老龄事业发展有关的政策法规和制度❷。

经济持续增长的动力在于创新，老龄化应对需要很多方面的创新、包括观念创新，体制机制创新等。就观念创新来看，老年人的问题本质上是中青年人问题的延续。因此，关注老年人的问题，其关注重点应该前移到关注中青年人的问题，以“各个年龄群体的共同发展”为基础❸。完善养老保障制度是世界各国应对人口老龄化的共同战略❹。

老龄问题应对体系主要包括：从生命周期设计应对老龄化制度和政策；积极的人口、退休、休假、移民政策；积极开发老年人力资源；建立健全涉老人才培养体系，打造敬老、孝老的社会环境，等等。

另外，结合中国国情和老龄化的实际，在教育、生育、老龄科学研究等方面也要创新，实行改革。例如，可把学前看护纳入免费的义务教育，缩短学制、取消中考；取消生育审批制度，对生育家庭给予财政支持，并根据子女人数适当减税；加强老年、老化、发展和规律等理论问题的研究，积极推进老年医学、老年生物学、老年心理学、老年人口学、老年经济学、

---

❶ ［美］N. R. 霍曼，H. A. 基亚克著，冯韵文，屠敏珠译：《社会老年学——多学科展望》，社会科学文献出版社，1992，第562页。

❷ 本报评论员：《及时科学综合应对人口老龄化——二论学习贯彻习近平总书记对加强老龄工作的重要指示精神》，《中国老年报》2016年3月9日，第1版。

❸ 李志宏：《人口老龄化问题的本质和特征分析——兼论人口过度老龄化》，《老龄科学研究》，2013年第7期。

❹ 杨宜勇，关博：《老龄化背景下推进养老保障供给侧结构性改革的思路》，《经济学家》，2017年第3期。

老年社会学、老年运动学等应用性分支学科的发展，构建完整的学科体系[1]，实现科学与社会良性互动，在互动中化解老龄化难题，等等。

总之，我国老龄化问题是可以通过多方面努力有效应对的，在习近平新时代中国特色社会主义思想的指引下，老龄化社会的发展动力、发展方向是日趋清晰的，老龄化社会与经济社会发展是可以同步协调的。

第四节　我国老龄化社会发展前景

十九大关于社会矛盾的新表述，关于国家未来“三步走”战略蓝图，为我国老龄化社会的未来发展提供了指导思想，指明了方向。通过大力发展经济、科技创新，改进供给侧，化解市场供给不足问题，实现老龄化社会和谐发展是可能的，前景光明。这里主要从老龄化问题应对最重要的方面——科技创新发展，并结合我国现在的国情和未来国家“三步走”战略对我国老龄化社会的未来做大致展望。

一、科技创新应对老龄化问题未来前瞻

科技力量是强大的，科技创新应对老龄化是可以期许的。正如福山展望那样：我们也许即将跨进一个后人类的未来，在未来中，科学将逐渐赋予我们改变“人类本质的能力”[2]。近年来，我国在航空航天、电子信息、装备制造、生命科学等领域

[1] 张跃：《人口老龄化与可持续发展》，《思想战线》，2000 年第 2 期，第 128 – 131 页。

[2] ［美］弗朗西斯·福山著，黄立志译：《我们的后人类未来》，广西师范大学出版社，2017，第 216 页。

科技创新成果不断；为未来经济科技发展和社会进步做了很多超前部署和规划。这些部署和规划以及近年来我国取得的与老龄化问题相关的重大科技创新成就，都为我国老龄化问题应对做好了准备和铺垫。

1. 国家的超前部署和安排，为科技应对老龄化指明了方向

科技是一个国家或民族成长的首要力量，是一个国家应对老龄化的重要支撑。近年来，国家为老龄化相关问题的应对做了一些重要准备。与老龄化问题相关的安排有很多：如十九大强调，"要瞄准世界科技前沿，强化基础研究"；《"健康中国2030"规划纲要》；2016 年国家重点研发项目中，生命科学有15 项；《中国制造 2025》《新一代人工智能发展规划》《大数据产业发展规划（2016—2020)》《"十三五"生物技术创新专项规划》[1]《关于促进和规范健康医疗大数据应用发展的指导意见》《智慧健康养老产业发展行动计划（2017—2020 年)》等，所有这些部署，都突出了科技应对老龄化的指向。

2. 近年来新科技成就，为老龄化问题应对做好了铺垫

近年来，中国在生命科学领域，如结构生物学、干细胞、脑科学、免疫学、体细胞重编程等基础研究中获得了重大突破；在应用研究方面也成绩斐然，如重大慢性疾病、疫苗研发、流行病研究等。很多研究可以直接服务于生产和民生，特别是生物、医药等领域的一系列重大突破，使人们对未来的生活有更好的憧憬，对健康长寿更有信心。仅 2018 年 1 ~4 月，我国科技创新就取得多项重大成就，如两只克隆猴诞生，电子监测实验卫星"张衡一号"成功发射，发现哮喘治疗新靶标，人类自

[1] 2018 年中国战略性新兴产业展望［EB/OL］. http：//www. stdaily. com/zhuanti01/dfj/2018 -01/19/content_625667. shtml.

体肺干细胞再生，培植出“亨廷顿舞蹈病”猪模型，“中国天眼”首次发现距地球约4000光年的毫秒脉冲星[1]。需要特别关注的是，这6项重大突破中有4项是生命医药科学方面的，这为人民健康长寿提供了更多的希望，为未来老龄化社会可持续发展奠定了基础。十九大未来“三步走”的战略规划，未来中国成为在智能制造、信息产业、航天技术、生命医药等高科技产业引领者的中国梦为时不远，必将推动科技的飞速进步[2]。

我国的科技成就不仅表现在上述方面，还表现在我国围绕建设世界科学中心和创新高地方面已有一些基础性人才，科研投入、专利发明量的数据化支撑。例如，2016年中国科技创新研发人员有385万，相当于美国的2.85倍；世界研发投入排世界第二，2017年，全社会研发经费达1.75万亿元；截至2017年，全年发明专利申请量连续7年居世界首位，又如，超级计算连续10次蝉联世界之冠，等等[3]，这些都为未来科技进步、科技创新，并更好地服务民生、服务老年人形成了良好的、得天独厚的基础和优势。

3. 人工智能和生物技术的发展，为老龄化问题应对提供了新的可能

老龄化社会充满着矛盾，人口结构变化引起了生产力和生产关系的变革，在信息技术快速发展的当下，老龄化社会中专业、技能劳动力存在大批被机器取代的趋势，未来10~20年，甚至更短的时间内老龄化问题不再是简单的老龄问题，未来存

---

[1] 盘点近期公众关注的十项科技前沿成果［EB/OL］. http://www.xinhuanet.com/science/2018-05/04/c_137153728.htm.

[2] 于平：《十九大报告展现建设科技强国决心》，《人民论坛》，2017年11(上)。

[3] 胡鞍钢：《努力建设世界科技强国》，《人民日报海外版》，2018年6月1日，第1版。

在适龄劳动力变成不劳动者的趋向和可能，转而被智能化的机器人所取代。未来的科技能够让人活得更久，关注寿命的延长，也要关注生命的质量。人工智能将逐步改变人机关系，开辟人机交流和协作工作的新模式，生物技术革命将极大地改善人类健康。建立一个技术创新和产业体系，引领和支持“健康中国”建设，将使经济社会和人民健康和谐发展。

科技将在未来的老龄化社会中发挥关键作用，它将改变未来社会的形态。科技将使人更长寿、生活质量更高和更有获得感。今后，新药不仅可以消除或缓解老年性疾病，一些老年疾病（如老年痴呆）的治疗方法也可能彻底改变[1]。未来，社区将会是老年友好型社区；各种智能机器将成为家庭的必需品，以实现做家务、聊天、帮老人吃药、陪护等职能，老龄化世界充满希望和机遇。也许今天的人们不能确切知道会有哪些新科技适用于老年人，但驰骋想象，就能看到夕阳世界里的朝阳[2]。人工智能是将来科技发展的新高地，是老龄化难题缓解的重要科技前沿。

当下，应该鼓励技术发展，不要害怕人工智能在部分工作岗位上取代人类。中国长期以来在网络智能研究方面投入很大，进步也很快，中国正蓄势待发。2017 年 7 月中国政府发布了人工智能“三步走”战略规划，再过 10 年有望成为这一领域的领头雁。从行业角度来看，像百度和腾讯这样的巨头在人工智能研究上也投入了大量资金，并正在招聘全球顶尖人才。随着技术进步的加速，在与老龄化社会接轨中，中国有可能更早大

[1] 王心见：《科技，能否破老龄化之局?》，《科技日报》2013 年 4 月 2 日，第 2 版。

[2] 王心见：《科技，能否破老龄化之局?》，《科技日报》2013 年 4 月 2 日，第 2 版。

量运用智能机器人取代护理服务、陪伴服务、娱乐服务等。未来的老龄化社会的产业布局及问题应对需要充分考虑这方面的因素。当前，我们应该鼓励好的技术发展，不要害怕人工智能取代人类，这是政府在未来创新政策和公共政策制定时需要特别考虑的问题[1]，智能护理机器人的未来发展影响是深远且具有重要现实意义的，例如，护理机器人用在养老院，将大大减轻养老护理员的压力和工作强度，同时还可以丰富老年人的精神生活，为老年人提供更加科学、标准化的服务，从而使得护理员成为让社会羡慕的工作，缓解护理人才短缺的问题，而且随着护理机器人大批进入养老院和家庭，必将引发智能网络化的新革命和信息技术产业的发展，也减轻了家庭照护老人的负担，使代际之间更加和谐，老年人生活更有质量和尊严。

科技发展将为老龄化问题应对提供了一些新的可能。首先，由于人类基因组图谱绘制完成，各种抗衰老技术的出现，会使人口平均寿命增加速度加快；其次，新科技革命创造了新的生产力——智能生产力，使劳动生产率成倍地增长，社会财富急剧增加，为人类解决老龄问题提供了丰厚的物质基础。据统计，从1982年到2005年，我国60岁及以上老年人增长了1.04倍，但人均国内生产总值却增长了3.24倍，科技进步促进经济发展的速度要快于老龄化。这也从一个侧面证明，老龄化问题，依靠科技进步可得到妥善处理，不必忧虑重重；再次，智能革命还将为老龄化社会发展开辟广阔的前景。届时，老年群体将比他们前辈显得更年轻、接受更好的教育，身体更健康，老年人

[1] 王克迪：《网络创新的价值取向与公共政策制定》，《学习时报》，2017年9月20日，第7版。

积极参与社会建设，实现老有所为，将有更加广阔的空间和前景❶。

总之，老龄化是世界面临的一个重要问题，它给社会带来了许多影响。随着智能化技术的迅速发展，智能技术在日常保健、医疗康复等诸多方面都取得了长足的进步，智能技术是应对老龄化社会的有效手段❷，而且是长期有效的关键手段。当前，虽然是老龄化的社会，却是智能化的社会，对老龄化问题，只要思想重视、积极应对，依靠科技进步，完全是可以逐步妥善加以解决的。

二、我国老龄化社会未来发展前景预测

结合前面章节的相关讨论和我国科学进步、科技创新的情况，个人对我国老龄化社会未来发展充满信心，对我国应对老龄化的挑战能力持乐观态度。展望未来，不可否认的是，中国老龄化程度会逐步加深，老龄化问题应对任务还比较艰巨。表5－1充分说明了这一点，中国婴儿潮发生晚于西方社会十年，而时间跨度长了10年。理论推算，20世纪60、70年代出生的人到2020年、2030年后将进入老年期，中国进入急速老龄化阶段。由于老年人口基数大，加上这个巨大存量将保持20～30年，相应地，中国老龄化最严重的阶段应该出现在2050年前后，如前所述，超过60岁的人口将占总人口的35%，此后老龄化程度有所缓解，这样的国情为我国老龄化社会未来发展预测提供了重要的现实依据。

---

❶ 高明振：《新科技革命与人口老龄化》，《第八届亚洲大洋洲地区老年学和老年医学大会中文论坛讲演暨优秀论文摘要集》，2007年10月，第8页。

❷ 田恬：《智能养老：老龄化社会与ICT社会的融合》，《科技导报》，2017年第9期。

表 5－1 中国人口自然增长变化情况（1954—2016）❶

年份（跨度）	五年平均自然增长率（‰）	备注
1954—1959	19.378（6 年平均值）	1953 年前数据缺乏
1960—1961	人口负增长	自然灾害所致
1962—1966	28.652	
1967—1971	25.738	
1972—1976	17.864	
1977—1981	12.43	其中，第三次人口普查显示，1981 年自然增长率为 14.55‰
1982—1986	14.376	
1987—1991	14.95	其中，第四次人口普查显示，1990 年自然增长率为 14.7‰
1992—1996	10.974	
1997—2001	8.382	
2002—2006	5.9	
2007—2011	4.94	
2012—2016	5.18	其中，受二孩政策影响，2016 年自然增长率为 5.86‰

结合上述未来人口自然增长情况、近年来我国老龄化的情况、国（境）内外老龄化应对实践情况、我国科技进步促进经济发展的速度快于老龄化的速度的事实、我国科技应对老龄化的成绩和展望，以及国家未来“三步走”战略的逐步实现，可以对我国老龄化社会未来进行预测。

总体（从现在到 2050 年）展望预测就是，老龄化伴随着我国现代化建设的全程。可以预测的是，随着科学技术，特别是医疗技术的发展，未来诸如心脏病、癌症的死亡率将大大降低，人工智能将进入亿万家庭、社区、养老机构，未来我国老

❶ 根据国家统计局网站相关数据整理计算而来。

龄化社会老年人更加健康长寿，老龄化问题应对能力将更加强大；随着小康社会和现代化的逐步实现，中国的老龄化将从老龄化社会向老龄社会、超老龄社会逐渐迈进，未来的老龄化社会在前述“五化叠加”基础上成为“六化叠加”（增加知识化，其中的高龄化也更加鲜明）；可以预料，老年人口在以后的几十年会一代更比一代好，老年人口对其在社会中的地位也将更加了解，在社会结构的老龄化方面他们具有更加关键的意义[1]；未来老龄化经济产业将成为我国产业经济的生力军，而且充满着生机和活力；未来老龄化社会新的挑战和机遇并存，机遇大于挑战。

在以上讨论老龄化问题的基础上，我们应该借鉴国（境）内外应对老龄化的典型实践经验，借助我国科技创新的良好势头，通过全社会科学老龄观的逐步建立和现有政策的优化和制度创新，将提高我国老龄化问题应对能力和手段，老龄化社会和经济发展将逐步走向协调。今后，老年人会更加健康、长寿，生活得更幸福。不可否认的是，理想的老龄化社会前景光明，道路曲折，未来也有一些新的挑战，如高龄化和失能化将比现在更严重；技术可以延长寿命，但不一定使得一个人能独立活到高龄的那种具有活力的预期寿命[2]；寿命的延长，拉长了垂直关系，代际关系变得更复杂；医疗、社保费用更庞大，资源、利益分配存在伦理困境，等等。不过，可以预料的是，未来的挑战更需要有新的科技、新的政策制度予以支撑或保障，因此，每个人都要有足够的准备，对未来做到未雨绸缪。

---

❶ ［美］戴维·L. 德克尔著，沈健译：《老年社会学——老年发展进程概论》，天津，天津人民出版社，1986，第319页。

❷ ［美］N. R. 霍曼，H. A. 基亚克著，冯韵文，屠敏珠译：《社会老年学——多学科展望》，社会科学文献出版社，1992，第618页。

总之，未来老年人在社会中的地位和作用必将更加凸显，老龄化的重要性和老龄化的现代意义的发展可能会与我国未来现代化的社会新形式联系更加紧密。那时，老年人口将发挥着崭新的经济功能。可以预见，科学技术的发展将对社会和结构产生重大的影响，社会结构的进一步变化将带来许多新的社会变化。未来老龄化社会前景是广阔的，老龄化社会的任务也是复杂的，但结合我国特定历史阶段的经济、社会、文化、生态、科技和人口等指标[1]，按照十九大和国家未来总体战略部署，现在着手积极应对老龄化（2018 年 9 月，国家机构“三定”方案中，对在老龄化应对方面涉及的国家卫生健康委员会和民政部分工、任务、职责更加具体、细化，这对拟定应对人口老龄化、医养结合政策措施，综合协调、督促指导、组织推进老龄事业发展，拟定养老服务体系建设规划、法规、政策、标准并组织实施，统筹推进、督促指导、监督管理养老服务工作等都具有十分重要的意义），最终实现老龄化与经济社会协调、可持续发展是有可能的。未来取决于当前，只要整合力量，全民行动，抓住当前，谋划未来，一个美好的、和谐有序的老龄化社会将走向我们。

[1] 贾玉娇：《最佳老龄化：理念、目标与实践》，《第九届社会保障国际论坛摘要集》，2013，第 53 页。

结　语

老龄化问题是一个全局性的、带有战略性意义的重大问题，是一个积极而有意义的问题，也是伴随一定挑战的问题。老龄化不是以人们意志为转移的社会现象，老龄化也不是一个简单的年龄结构变化；老龄化是一个被社会和历史环境所建构的概念❶，老龄化是人类自身的逻辑进程❷，它是一把双刃剑，是科学、哲学、社会和文化问题，是现代化的必然结果，是社会进步的象征，是人类社会发展客观规律作用的结果。社会经济进步、技术发展是老龄化发生的根本原因，现代化是老龄化的直接诱因。老龄化是人类社会发展的高级阶段，是人类文明、经济发展和科学技术进步的客观表现❸。老龄化社会是继农业革命和工业革命之后的一场重大革命，标志着第三次人类财富浪潮的到来。科学与社会相互作用，对老年人在家庭、经济社会中地位的变化有重要影响。老年人及老龄化问题是一个科学与社会互动的社会问题。实践证明，人类能够不断调整自己的生育、迁移等行为以适应老龄化社会环境及进程；快速发展的信息技术和社会化大生产可以很大程度上抵消人口老龄化带来的

---

❶ 刘文，焦佩：《老龄化，并非想象的那么可怕》，《大众日报》2015 年 7 月 15 日，第 9 版。

❷ 金易：《人口老龄化的理性思考》，《学习与探索》，2011 年第 6 期。

❸ 黄润龙，陈绍军：《长寿的代价老龄化对社会经济的影响研究》，社会科学文献出版社，2011，第 36 页。

消极影响；老龄化问题在人类追求健康长寿、追求美好生活需要的过程中是可以逐步应对的。

老龄化给社会经济发展、老年人自身带来一系列的问题，有些问题是积极而有意义的问题，有些问题也是具有挑战性、有一定负效应的问题。中国老龄化超前经济发展的特有国情，使得老龄化与经济社会发展速度水平不同步、不同向协调，由此带来了对经济社会、政治、文化、科技等方面诸多影响并衍生出一些问题。总的来看，我国老龄化机遇与挑战并存，机遇大于挑战。我们必须树立新的观念，以适应新经济、新时代社会的正常发展。针对老龄化问题，应坚持“共享、创新、可持续”的理念，即资源信息共享、多方动员，积极准备老龄问题的创新突破，为老龄问题做好准备，实现可持续发展。

中国老龄化问题应对需要综合施策、科学应对。应对老龄化的前提是基于科学与社会的视角，需要对老龄化问题从科学层面、哲学层面、社会层面、文化层面及其与现代化的关系层面进行全面而深刻的解析。就应对来看，一是需要充分借鉴老龄化应对的国（境）内外实践和经验；二是需要创新老龄化社会的观念和体制，优化政策框架；三是需要大力发展经济，大力发展科技。老龄化应对的核心在于大力发展科技，提高劳动生产率，大力推进经济社会发展，实现老龄化与经济社会协调发展。

从历史长河来看，人类刚刚迈进老龄化社会的门槛，老龄化与全球化叠加，挑战与机遇缠绕，风险和困难并存，我们或许不知道从哪里来，但都知道到哪里去，问题的关键是我们需要秉持现实主义和人文精神，积极追寻生命的意义和价值，只有这样，理想的老龄化社会在不久的将来才能真正得以实现。

未来就是现在，必须将未来培植于现实之中[1]，培植于老龄化社会的进程之中，培植于我们每一个人之心中和行动中，只有这样，当老年人青春不再的时候，才会依然从容和优雅，老龄化社会才能充满着更多的人情和温暖，老龄化问题的应对也才是可能的，可行的。

展望中国老龄化，随着我国人均寿命的进一步提升，老龄化程度在未来几十年将会加重，高龄化、老龄化、空巢化、慢病化、失能化、知识化叠加。但是，随着经济、社会环境和人们对年龄认知的改变，对老龄化问题的看法正逐步从消极走向积极。特别需要指出的是，我国正处在国民经济、社会、科技进步日益健康持续发展的良好阶段，中国日趋走进世界舞台中央，我国老龄化应对是在借鉴西方发达国家走过的老龄化应对几十年乃至上百年的实践基础上的，也是在国家未来“三步走”战略部署指引下伴随新一轮国家机构改革（如新组建国家卫健委、国家移民管理局等）和推进治理方式全面变革步入豪迈新时代的进程中，老年人对美好生活的向往、老龄化社会的不协调都必将随着老龄化问题应对手段的增多、应对能力的增强逐步得以实现或化解，未来的我国老龄化社会必将充满着幸福和快乐、生机和活力。

---

[1] ［美］玛格丽特·米德著，周晓虹，周怡译：《文化与承诺——一项有关代沟问题的研究》，河北人民出版社，1987，第100页。

参考文献

一、著作类

[1] P 塞尔比，M 谢克特．老龄化的二 000 年——对社会的挑战［M］．新蔚，黄育馥，译．北京：生活·读书·新知三联书店，1987.

[2] 唐仲勋，戴惠珍．人口老龄化与社会现代化［M］．南京：南京大学出版社，1993.

[3] 党俊武．老龄化社会引论［M］．北京：华龄出版社，2004.

[4] 党俊武．老龄社会的革命——人类的风险和前景［M］．北京：人民出版社，2015.

[5] 世界卫生组织．积极老龄化政策框架［M］．北京：华龄出版社，2003.

[6] 泰德 C 费晓闻．揭秘老龄化［M］．吴礼敬，刘娜，肖梦云，译．北京：机械工业出版社，2011.

[7] 保罗·帕伊亚．老龄化和老年人［M］．杨爱芬，译．北京：商务印书馆，1999.

[8] 李洪心．人口老龄化与现代服务业发展研究［M］．北京：北京师范大学出版社，2012.

[9] 罗淳．从老龄化到高龄化：基于人口学视角的一项探索性研究［M］．北京：中国社会科学出版社，2014.

[10] 日本经济新闻社．老龄化社会——无形的革命［M］．北京：新华出版社，1987.

[11] 理查德·A 波斯纳．衰老与年龄［M］．周云，译．北京：中国政法大学出版社，2002.

[12] 李旭初. 我的老龄观 [M]. 武汉：武汉大学出版社，2014.

[13] 南亮三郎. 人口论史 [M]. 张宝，译. 北京：中国人民大学出版社，1984.

[14] 熊必俊. 人口老龄化与可持续发展 [M]. 北京：中国大百科全书出版社，2002.

[15] 王冰. 社会深层的人口效应与人口老龄化的社会影响 [M]. 武汉：武汉大学出版社，2006.

[16] 老龄问题国际讨论会文集中文版编辑组. 老龄问题国际讨论会文集 [M]. 北京：劳动人事出版社，1988.

[17] 丁文. 家庭学 [M]. 济南：山东人民出版社，1997.

[18] 李红心. 人口老龄化与现代服务业发展关系研究 [M]. 北京：北京师范大学出版社，2012.

[19] 杜鹏. 中国人口老龄化过程研究 [M]. 北京：社会科学文献出版社，1994.

[20] 苏振芳. 人口老龄化与养老模式 [M]. 北京：社会科学文献出版社，2014.

[21] 蒲新微. 走进老年群体：从关怀到关照 [M]. 北京：中国社会科学出版社，2014.

[22] 劳动社会保险研究所. 防止老龄危机——保护老年人及促进增长的政策 [M]. 北京：中国财政经济出版社，1996.

[23] 许淑莲. 从心理学角度看健康的老龄化 [M]. 北京：中国劳动出版社，1995.

[24] 阿尔弗雷德·索维，查瑞传. 人口通论（下）[M]. 林富德，等译. 北京：商务印书馆，1982.

[25] 戴维·L 德克尔. 老年社会学——老年发展进程概论 [M]. 沈健，译. 天津：天津人民出版社，1986.

[26] 李超. 中国老龄产业发展研究 [M]. 北京：中国人民大学出版社，2015.

[27] 威廉·J 霍耶，保罗·A 路丁. 成人发展与老龄化 [M]. 黄辛隐，

等译. 南京：江苏教育出版社，2008.
[28] 阿尔弗雷德·索维. 人口与环境，控制人口与发展经济 [M]. 北京：北京大学出版社，1985.
[29] 上野千鹤子. 高龄化社会四十岁开始探讨老年 [M]. 沈阳：辽宁大学出版社，1991.
[30] 詹姆斯·舒尔茨. 老年积极性 [M]. 北京：华夏出版社，1990.
[31] 童坦君，张宗玉. 医学老年学——衰老与长寿 [M]. 北京：人民卫生出版社，1995.
[32] 田雪原，王金营，周广庆. 老龄化从“人口盈利”到“人口亏损” [M]. 北京：中国经济出版社，2006.
[33] 韩鹏. 新时期我国人口老龄化问题——基于人口规模结构变化趋势及对经济社会发展影响的研究 [M]. 北京：经济管理出版社，2015.
[34] 叶敬忠，吴慧芳，孟祥丹. 中国农村留守人口：反思发展注意的视角 [M]. 北京：社会科学文献出版社，2015.
[35] 周广庆. 人口老龄化对社会发展和社会建设的影响 [M]. 杭州：浙江大学出版社，2013.
[36] 陈彦斌. 人口老龄化对中国宏观经济的影响 [M]. 北京：科学出版社，2014.
[37] 郅玉玲. 和谐社会语境下的老龄问题研究 [M]. 杭州：浙江大学出版社，2011.
[38] 李三希，姚东旻. 人口老龄化会影响创新吗 [M]. 北京：社会科学文献出版社，2013.
[39] 胡伟略. 人口社会学 [M]. 北京：中国社会科学出版社，2002.
[40] 钟仁耀. 社会保障概论 [M]. 大连：东北财经出版社，2006.
[41] 牟新渝，郭山文. 动态人口红利理论与实践 [M]. 北京：华龄出版社，2015.
[42] 中共中央马克思恩格斯列宁斯大林著作编译局. 马克思恩格斯选集（第一卷）[M]. 北京：人民出版社，1975.

[43] 戴维·波普诺. 社会学 [M]. 北京：中国人民大学出版社，1999.

[44] 毛泽东. 毛泽东选集（第四卷）[M]. 北京：人民出版社，1966.

[45] 卡尔·波普尔. 猜想与反驳 [M]. 傅季重，译. 上海：上海译文出版社，1986.

[46] N R 霍曼，H A 基亚克. 社会老年学——多学科展望 [M]. 北京：社会科学文献出版社，1992.

[47] 教育部社会科学研究与思想政治工作司. 自然辩证法概论 [M]. 北京：高等教育出版社 1989.

[48] 南亮三郎. 人口论史 [M]. 张宝，译. 北京：中国人民大学出版社，1984.

[49] 王渊明. 历史视野中的人口与现代化 [M]. 杭州：浙江人民出版社，1995.

[50] 李建新. 民生中国：中国人口之殇 [M]. 昆明：云南教育出版社，2013.

[51] 黄润龙，陈绍军. 长寿的代价——老龄化对社会经济的影响研究 [M]. 北京：社会科学文献出版社，2011.

[52] 刘同昌. 面对银色浪潮：明天我们如何养老 [M]. 北京：华文出版社，1999.

[53] 施祖美. 老龄事业与创新社会管理 [M]. 北京：社会科学文献出版社，2013.

[54] 老龄问题国际讨论会文集中文版编辑组. 老龄问题国际讨论会文集 [M]. 北京：劳动人事出版社，1988.

[55] 苏保忠：中国农村养老问题研究 [M]. 北京：清华大学出版社，2009.

[56] 玛格丽特·米德. 文化与承诺：一项有关代沟问题的研究 [M]. 周晓虹，周怡，译. 石家庄：河北人民出版社，1987.

[57] 联合国人口基金会和国际助老会. 21 世纪的人口老龄化：成就与挑战 [M]. 伦敦：联合国人口基金组约总部与国际助老会伦敦总部联合出版，2012.

[58] 黄健元，王欢. 人口老龄化对经济社会发展的影响及其对策研究——以江苏省为例 [M]. 北京：科学出版社，2013.

[59] 田雪原，王金营，周广庆. 老龄化——从“人口盈利”到“人口亏损”[M]. 北京：中国经济出版社，2006.

[60] 苏春红. 人口老龄化的经济效应与中国养老保险制度选择 [M]. 北京：经济科学出版社，2010.

[61] 田森. 中国老龄问题研究 [M]. 杭州：浙江人民出版社，1988.

[62] 乔治·马格纳斯. 人口老龄化时代人口正在如何改变全球和我们的世界 [M]. 北京：经济科学出版社，2012.

[63] 杨坚白，胡伟略. 人口经济论 [M]. 北京：社会科学文献出版社，2007.

[64] 丁文. 家庭学 [M]. 济南：山东人民出版社，1997.

[65] 王诺，张占军，等. 机遇还是挑战？——中国积极老龄化道路 [M]. 北京：经济科学出版社，2014.

[66] 王胜今. 东北亚地区发展报告（2012）[M]. 长春：吉林大学出版社，2013.

[67] 宋健，金益基. 人口政策与国情——中韩比较研究 [M]. 北京：光明日报出版社，2009.

[68] 贝蒂·弗里丹. 生命之泉喷涌 [M]. 李淑琴，李欣，等译. 北京：作家出版社，1997.

[69] 弗朗西斯·福山. 我们的后人类未来 [M]. 黄立志，译. 南宁：广西师范大学出版社，2017.

[70] P K 博克. 多元文化与社会进步 [M]. 余兴安，彭振云，等译. 沈阳：辽宁人民出版社，1988.

[71] 赛缪尔·亨廷顿，劳伦斯·哈里斯. 文化的重要价值作用——价值观如何影响人类进步 [M]. 北京：新华出版社，2010.

[72] 李京文. 迎接知识经济新时代 [M]. 上海：上海远东出版社，1999.

[73] 陈晶. 基于人口红利视角下中国人口转变效应的经验研究 [M].

北京：经济科学出版社，2014.
[74] 候伟丽，等. 中国经济发展中的人口资源环境问题 [M]. 济南：山东人民出版社，2009.
[75] 朱利安·L西蒙. 没有极限的增长 [M]. 黄江南，朱嘉明，等译. 成都：四川人民出版社，1985.
[76] 北京大学哲学系外国哲学史教研室编印. 古希腊罗马哲学 [M]. 北京：商务印书馆，1961.
[77] 康德. 康德说道德和人性 [M]. 武汉：华中科技大学出版社，2012.
[78] 贝蒂·弗里丹. 生命之泉喷涌 [M]. 李淑琴，李欣，等译. 北京：作家出版社，1997.
[79] 劳伦斯·汤普森. 老而弥智——养老保险经济学 [M]. 北京：中国劳动社会保障出版社，2003.
[80] 施锦芳. 人口少子老龄化与经济社会可持续发展——以日本为例 [M]. 北京：科学出版社，2015.
[81] 徐新，张钟汝. 超市老龄社会政策的演进及挑战 [M]. 南宁：广西师范大学出版社，2012.
[82] 阿尔弗雷德德·索维. 人口通论（上册）[M]. 北京：商务印书馆，1982.
[83] 伏尔泰. 伏尔泰精选集 [M]. 北京：北京燕山出版社，2010.
[84] 邬沧萍，姜向群. 老年学概论 [M]. 北京：中国人民大学出版社，2015.

二、期刊类

[1] 杜鹏. 老年人口划分标准问题 [J]. 人口研究，1992（2）：50－52.
[2] 常华. 积极应对人口老龄化 [J]. 科技智囊，2009（6）：11－12.
[3] 赵兴利. 论我国人口老龄化问题的应对办法 [J]. 环渤海经济瞭望，2012（9）：32－35.
[4] 韩振秋. 人口老龄化与科技创新关系研究述评与优化 [J]. 自然辩

证法研究，2017（10）：80－84.

[5] 黄润龙．长三角城市群的经济发展与人口迁移老龄化［J］．现代经济探讨，2011（12）：36－38.

[6] 王忱，董魁，张宁，等．老龄社会中养老问题的思考［J］．中国药物与临床，2014（11）：1600－1603.

[7] 杰·索科洛夫斯基．步入盛年的老龄化人类学研究［J］．云南民族大学学报（哲学社会科学版），2009（1）：41－46.

[8] 赫国胜，柳如眉．金砖五国人口老龄化、公共养老金支出及其改革策略分析［J］．经济体制改革，2016（5）：56－61.

[9] 于学军．中国人口老化的经济学研究［J］．中国人口科学，1995（6）：24－34.

[10] 李新民．关注老龄问题，做好老龄工作［J］．宁夏社会科学，2000（2）：19－20.

[11] 田文婷．中国老龄化挑战，如何才能赢？［J］．社会大视野，2012（5）：80－81.

[12] 章克弟．人口老龄化的挑战和应对［J］．厦门科技，2013（1）：61－62.

[13] 李晶．人口老龄化及其应对之策——《全面建成小康社会 积极应对人口老龄化》的启示［J］．老龄科学研究，2016（7）：4－5.

[14] 南希·莫罗－豪厄尔．生产性老龄化：理论与应用视角［J］．人口与发展，2011，17（6）：42－46.

[15] 郭金华．中国老龄化的全球定位和中国老龄化研究的问题与出路［J］．学术研究，2016（2）：61－67.

[16] 王学义．健康老龄化：人口老龄化的对策［J］．西南民族大学学报，2002（12）：131－135.

[17] 宋全成，崔瑞宁．人口高速老龄化的理论应对——从健康老龄化到积极老龄化［J］．山东社会科学，2013（4）：36－41.

[18] 冉嘉诚，李万林．积极老龄化背景下老年住宅设计要点［J］．建筑与文化，2017（1）：120－121.

[19] 毛海虓，黄瑾．美国面向老龄社会的城市交通对策以及对中国的启示［J］．国外城市规划，2006（4）：90－92.

[20] 刘文，焦佩．国际视野中的积极老龄化研究［J］．中山大学学报（社会科学版），2015（1）：167－180.

[21] 彭剑鸣．党外代表人士法律意识的提升路径［J］．贵州社会主义学院学报，2016（2）：2－9.

[22] 梁红梅，李磊．国外人口老龄化对经济增长影响研究文献综述［J］．中国经贸导刊，2014（1）：26－28.

[23] 姚东旻，李三希，林思思．老龄化会影响科技创新吗——基于年龄结构与创新能力的文献分析［J］．技术与创新管理，2015（8）：57－67.

[24] 彼得森，韩建军．世界人口老龄化［J］．国外社会科学文摘，1991（11）：28－31.

[25] 曾尔亢，杨蕊敏，王红，等．衰老机制研究的新时代［J］．中国社会医学杂志，2006（2）：74－76.

[26] 俞卓伟，李瑾，等．保健策略与衰老/脑衰老干预——某些中国文化元素在干预中的作用［J］．中国老年学杂志，2014（8）：4709－4712.

[27] 葛亮，王桦，等．衰老相关基因研究进展［J］．中国老年学杂志，2014（11）：6529－6532.

[28] 中国老年学学会衰老与抗衰老科学委员会．中国衰老与抗衰老专家共识（2013 年）［J］．中国中西医结合杂志，2014（2）：133－134.

[29] 邬沧萍，王琳，苗瑞凤．中国特色的人口老龄化过程、前景和对策［J］．人口研究，2004（1）：8－15.

[30] 邬沧萍，谢楠．关于中国人口老龄化的理论思考［J］．北京社会科学，2011（1）：4－8.

[31] 穆光宗．人口优化理论初探［J］．北京大学学报（哲学社会科学版），2012（5）：86－99.

[32] 马淑萍．日本如何应对老龄化［J］．山东经济战略研究，2016（6）：5.

[33] 邬沧萍．积极应对人口老龄化理论诠释［J］．老龄科学研究，2013

(1)：4 - 13.

[33] 穆光宗. 成功老龄化：中国老龄治理的战略构想 [J]. 国家行政学院学报，2015 (3)：55 - 61.

[34] 穆光宗. 老年发展论——21 世纪成功老龄化战略的基本框架 [J]. 人口研究，2002 (6)：29 - 37.

[35] 党俊武. 关于我国应对人口老龄化理论基础的探讨 [J]. 人口研究，2012 (3)：62 - 67.

[36] 郭玉贵. 老龄化：全球共同面对的危机与挑战 [J]. 社会治理，2017 (1)：53 - 62.

[37] 钱凯. 我国人口老龄化问题研究的观点综述 [J]. 经济研究参考，2010 (70)：43 - 49.

[38] 张燕. 我国人口老龄化的挑战与机遇 [J]. 经济研究参考，2016 (56)：9 - 11.

[39] 张晓丽. 浅析人口老龄化对中国经济的影响及对策 [J]. 中国商论，2017 (6)：167 - 168.

[40] 姜丽萍. 人口老龄化带来的问题及应对策略 [J]. 财经界，2014 (4)：281.

[41] 任季萍. 人口老龄化问题：挑战及其应对 [J]. 理论探索，2009 (1)：98 - 100.

[42] 胡玉坤. 应对老龄化：中国如何抉择 [J]. 中国经济报告，2017 (2)：43 - 46.

[43] 杨杰，罗云. 中国人口老龄化、技术创新与经济增长的动态影响分析 [J]. 科技与经济，2015 (3)：20 - 25.

[44] 蔡昉. 人口转变、人口红利与经济增长可持续性——兼论充分就业如何促进经济增长 [J]. 人口研究，2004 (2)：2 - 9.

[45] 袁传攀，湛文倩. 人口老龄化对企业发展的影响 [J]. 经营与管理，2011 (6)：93 - 94.

[46] 汪伟，姜振茂. 人口老龄化对技术进步的影响研究综述 [J]. 中国人口科学，2016 (3)：114 - 125.

[47] 姚雪松，王志勇. 经济问题 [J]. 经济发展、技术进步对人口老龄化的影响 [J]. 2014 (5)：26 - 29.

[48] 闫钟. 人口老龄化与科技进步 [J]. 山西科技，2000 (4)：35 - 36.

[49] 康建英. 我国人口年龄结构变化对综合要素生产率和技术进步的影响 [J]. 科技管理研究，2010 (3)：194 - 197.

[50] 向志强. 人力资本生命周期与教育需求 [J]. 经济评论，2003 (2)：32 - 35.

[51] 姜向群. 对人口老龄化社会经济影响问题研究的回顾与分析 [J]. 南京人口管理干部学院学报，2001 (2)：18 - 21.

[52] 穆光宗，张团. 我国人口老龄化的发展趋势及其战略应对 [J]. 华中师范大学学报（人文社会科学版），2011 (5)：29 - 36.

[53] 邬沧萍. 老龄化这匹“狼”来了，党政主导加强应对是当务之急 [J]. 人口研究，2005 (2)：40 - 43.

[54] 杨庆芳，邬沧萍. 老年教育是中国积极应对人口老龄化不可或缺的 [J]. 兰州学刊，2014 (1)：68 - 72.

[55] 胡玉坤. 应对老龄化：中国如何抉择 [J]. 中国经济报告，2017 (2)：43 - 46.

[56] 郭玉贵. 老龄化：全球共同面对的危机与挑战 [J]. 社会治理，2017 (1)：53 - 62.

[57] 吉鹏. 新农村建设中农村公共服务社会化的路径探析——基于多中心治理理论的视角 [J]. 中共乐山市委党校学报，2011 (11)：79 - 81.

[58] 郑金海. 中国人口老龄化与现代化 [J]. 人口学刊，1998 (4)：21 - 27.

[59] 姚远. 人口老龄化影响社会发展的理论框架 [J]. 老龄科学研究，2015 (4)：3 - 11.

[60] 李志宏. 人口老龄化问题的本质和特征分析——兼论人口过度老龄化 [J]. 老龄科学研究，2013 (7)：3 - 10.

[61] 夏从亚，刘国红. 论科学问题的发现与提出 [J]. 山东师范大学学报（人文社会科学版），2010 (2)：116 - 121.

[62] 张雪永. 积极应对人口老龄化视域下的涉老人才教育初探 [J]. 西南交通大学学报（社会科学版），2017（1）：32－39.

[63] 彭希哲. 应对人口老龄化要有新思维 [J]. 人口与计划生育，2015（7）：30－31.

[64] 段晓婧. 中国的现代化与人口老龄化的关系 [J]. 山西师范大学学报（社会科学版）研究生论文专刊，2011（5）：54－56.

[65] 郑功成. 积极、理性地应对人口老龄化 [J]. 群言，2013（7）：4－7.

[66] 彼得森，韩建军. 世界人口老龄化 [J]. 现代外国哲学社会科学文摘，1991（11）：28－31.

[67] 陈卫. 国际视野下的中国人口老龄化 [J]. 北京大学学报（哲学社会科学版），2016（6）：82－92.

[68] 李新民. 关注老龄问题，做好老龄工作 [J]. 宁夏社会科学，2000（2）：19－21.

[69] 张旭光. 延迟退休是应对老龄化挑战的必然选择 [J]. 工会博览，2016（12）：25－26.

[70] 张燕. 我国人口老龄化的挑战与机遇 [J]. 经济研究参考，2016（56）：9－11.

[71] 李军. 积极应对人口老龄化的经济发展战略选择 [J]. 群言，2013（7）：10－12.

[72] 施巍巍，刘雨蓓. 香港长者社区照顾的福利多元主义视域 [J]. 学术交流，2016（3）：147－151.

[73] 谢楠. 人口老龄化考验台湾 [J]. 世界知识，2016（6）：65－66.

[74] 夏现伟，乐传永. 台湾地区老年人力资源开发的实践、困境及启示 [J]. 中国成人教育，2016（5）：122－126.

[75] 高枫. 台湾地区银发产业发展的经验与启示 [J]. 现代经济信息，2015（11）：304－306.

[76] 罗桂城. 台湾老年教育的发展策略与启示 [J]. 中国成人教育，2017（7）：41－43.

[77] 刘宁. 管窥日本养老：日本如何应对高度老龄化 [J]. 家庭服务，

2015 (3): 49 -51.

[78] 朱俊生，崔泽敏. 国外样本缓解老龄化之样本 [J]. 金融博览：财富，2016 (9): 51 -53.

[79] 曾征. 国（境）内外应对老龄化社会政策及标准化情况 [J]. 标准生活，2015 (12): 54 -59.

[80] 张晓林. 国外应对人口老龄化的做法和启示 [J]. 中国民政，2015 (8): 52 -53.

[81] 王彦军，张佳睿. 日韩应对人口老龄化对策的经验及启示 [J]. 人口学刊，2015 (6): 76 -84.

[82] 李俐燕，王磊. 日本长期照护保险制度改革及启示 [J]. 党政干部学刊，2016 (6): 46 -50.

[83] 张彩玲，李书宁. 发达国家应对人口老龄化问题的经验研究 [J]. 唐山师范学院学报，2013 (3): 112 -115.

[84] 丁英顺. 韩国应对老年贫困的启示 [J]. 中国人力资源社会保障，2016 (2): 34 -36.

[85] 蒋红柳. 欧盟破解人口老龄化问题探析 [J]. 西南民族大学学报（人文社会科学版），2014 (5): 17 -22.

[86] 陈骞. 欧盟以信息化应对老龄化 [J]. 上海信息化，2015 (4): 84 -86.

[87] 徐正平. 美国州及地方政府应对人口老龄化的启示借鉴——以康涅狄格州为例 [J]. 发展研究，2011 (11): 105 -108.

[88] 张彩玲，李书宁. 发达国家应对人口老龄化问题的经验研究 [J]. 唐山师范学院学报，2013 (5): 112 -115.

[89] 张晓林. 国外应对人口老龄化的做法和启示 [J]. 中国民政，2015 (8): 52 -53.

[90] 张日松. 美国养老保障体系概述及启示 [J]. 人口与计划生育，2005 (7): 44 -46.

[91] 辛华，张学东. 当前美国志愿者与志愿服务组织状况探讨 [J]. 哈尔滨师范大学（社会科学学报），2013 (6): 15 -17.

[92] 陈成文，孙秀兰. 社区老年服务：英、美、日三国的实践模式及其启示 [J]. 社会主义研究，2010 (1)：116-120.
[93] 刘锡宾. 探索志愿互助养老服务个人储蓄账户制度 [J]. 浙江经济，2016 (21)：60-61.
[94] 张国平. 居家养老社会化服务的新模式——以苏州沧浪区“虚拟养老院”为例 [J]. 宁夏社会科学，2011 (3)：56-62.
[95] 白朝阳. 应对人口老龄化的关键在于激发经济活力 [J]. 理论参考，2015 (12)：61-62.
[96] 赵凌. 广场舞现象引发的公共政策问题与思考 [J]. 运动，2017 (6)：6-7.
[97] 章颖. 广场舞现象规制问题之浅析 [J]. 法制博览，2017 (8)：288.
[98] 钟姝丹. 谈对广场舞的几点思考 [J]. 大众文艺，2014 (4)：17.
[99] 夏翔鹰，仇乃民，王欣. 城市大妈广场舞现象的社会解读及其应对研究 [J]. 运动，2014 (22)：4-5.
[100] 高云，戴亏秀，邓奎. 城市广场舞“扰民”现象分析与对策研究 [J]. 社会体育学，2017 (16)：175-176.
[101] [美] 杰·索科洛夫斯基. 步入盛年的老龄化人类学研究 [J]. 杨春宇，译. 云南民族大学学报（哲学社会科学版），2009 (1)：43.
[102] 王曼，陈哲. 我国老年人道德失范现象及对策分析 [J]. 社会与法制，2015 (8)：178.
[103] 王涛. 老年人犯罪原因的分析 [J]. 法制博览，2012 (4)：122.
[104] 刘硕，王维. 探究中国特色养老模式——异地养老 [J]. 建材装饰，2017 (2)：207
[105] 陈盛兰. 新常态下社会矛盾的综合治理 [J]. 福州党校学报，2016 (1)：36
[106] 蒋京川. 国外积极老龄化视角下的代际关系研究 [J]. 国外社会科学，2014 (4)：2430.
[107] 吕晓莉，李志宏. 人口老龄化与社会代际矛盾及其治理 [J]. 中

国青年研究，2014（1）：31－33.
［108］屈芳，郭骅．“互联网＋大数据”养老的实现路径［J］．科技导报，2017，35（16）：84－90.
［109］宋煜．人工智能视域下健康大数据的应用实践研究［J］．中国发展，2017（6）：83－88.
［110］孙文德，沈风桂，张伟忠．杭州智慧医疗现状及对策建议［J］．现代城市，2013（4）：40－43.
［111］于平．十九大报告展现建设科技强国决心［J］．人民论坛，2017（S2）：110
［112］吕晓莉，李志宏．人口老龄化与社会代际矛盾及其治理［J］．中国青年研究，2014（1）：34－35.
［113］张峰，孔繁斌．信息空间视角下的社会治理模式创新［J］．学海，2016（6）：12－17.
［114］潘川弟．推进基层社会治理［J］．江南论坛，2016（7）：28.
［115］张雪永．积极应对人口老龄化视域下的涉老人才教育初探［J］．西南交通大学学报（社会科学版），2017（1）：35.
［116］郑志来．基于大数据视角的社会治理模式创新［J］．电子政务，2016（6）：58－59.
［117］丁朋，原晓晓．探寻老龄社会公共政策解决之道——聚焦“老龄社会公共政策挑战与治理创新”国际论坛［J］．中国民政，2015（13）：9.
［118］胡启生．后薪愿待心火传——透析老年文化老年人和老龄事业［J］．干部人事月报，1996（3）：28－31.
［119］杨宜勇，张本波，等．及时、科学、综合应对我国人口老龄化研究［J］．宏观经济研究，2016（9）：19.
［120］陆杰华，郭冉．从新国情到新国策：积极应对人口老龄化的战略思考［J］．国家行政学院学报，2016（5）：32.
［121］邬沧萍．把积极应对人口老龄化作为基本国策［J］．群言，2013（8）：16－18

[122] 杨宜勇，关博．老龄化背景下推进养老保障供给侧结构性改革的思路［J］．经济学家，2017（3）：97.

[123] 杨屏．应对我国老龄化困境［J］．黑龙江对外经贸，2010（3）：138.

[124] 邹铭．把应对老龄化提升为国家战略——民政部副部长邹铭回应“中国式养老”六大热点问题［J］．中国民政，2015（17）：12－13.

[115] 李志宏．中国人口老龄化问题及应对策略［J］．紫光阁，2016（10）：50－52.

[116] 彭秀健．中国人口老龄化的宏观经济后果——应用一般均衡分析［J］．人口研究，2006（4）：12－22.

[117] 郝晓宁，胡鞍钢．中国人口老龄化：健康不安全及应对政策［J］．中国人口·资源与环境，2010（3）：73－78.

[118] 党俊武．应对人口老龄化顶层设计刍议［J］．老龄科学研究，2017（1）：3－14.

[119] 聂建刚．“负担”变“机遇”——欧盟通过“创新伙伴关系”积极应对老龄化［J］．全球科技经济瞭望，2014（12）：32－37.

[120] 顾严．人口老龄化：从阶段性应急到常态化治理［J］．宏观经济管理，2015（10）：58－59.

[121] 载管萍，李正龙．国外老龄产业发展对我国的启示［J］．观察家，2012（8）：20－22.

[122] 韩振秋．略论老年人科技恐惧症及其治理［J］．中国老年学杂志［J］．2017（22）：5701－5703.

[123] 王永梅．网络化时代人口老龄化问题的若干思考［J］．中州学刊，2016（1）：69－73.

[124] 陈骞．欧盟以信息化应对老龄化［J］．上海信息化，2015（4）：85－86.

[125] 陈丽雯，卓立立．科技养老：互联网时代社区居家养老新方式——以安徽L市养老信息服务中心为例［J］．中共合肥市委党校学报，2017（3）：31－32.

[126] 马凤领，李明杰. 加快科技创新，推进科技养老 [J]. 北京国际康复论坛，2014 (9)：64 –66.

[127] 贾玉娇. 最佳老龄化：理念、目标与实践 [J]. 第九届社会保障国际论坛摘要集，2013 (8)：54 –55.

[128] 金易. 人口老龄化的理性思考 [C] //学习与探索，2011 (6)：60 –61.

[129] 宫建，贺伟. 从生态哲学视域解析人口老龄化和社会发展的关系 [J]. 理论界，2010 (10)：189 –191.

[130] 刘竞芳，陈哲，等. 我国老年人慢性病现状及应对策略 [J]. 中外医疗，2014 (23)：194.

[131] 刘文，焦佩. 老龄化，并非想象的那么可怕 [J]. 决策探索，2015 (8)：23.

[132] 刘玉博，于宁. 香港安老服务体系的构成、经验及启示 [J]. 中国行政管理，2013 (11)：124.

[133] 柳清瑞，孙宇. 人口老龄化、老年就业与年龄管理——欧盟国家的经验与启示 [J]. 经济体制改革，2018 (1)：158.

[134] 徐曼，安孟长，等. 2014 世界军民两用技术与产品发展展望 [J]. 军民两用技术与产品，2014 (1 –2)：17.

[135] 田恬. 智能养老：老龄化社会与 ICT 社会的融合——专访国际 CIO [J]. 科技导报，2017 (9)：107 –108.

[136] 黄亚平. 用德孝文化推动核心价值观落地生根 [J]. 时事报告，2015 (7)：45.

[137] 方辉振. 振兴实体经济的核心——浅议制造业创新驱动发展战略 [J]. 理论视野，2017 (3)：38.

[138] 邵其会. 产业融合的养老服务业发展模式与对策 [J]. 现代商业，2014 (12)：273.

[139] 张跃. 人口老龄化与可持续发展 [J]. 思想战线，2000 (2)：128 –131.

三、报纸文章

[1] 穆光宗. 论“和谐老龄化”[N]. 光明日报, 2007－04－03 (11).

[2] 李宏塔. 积极应对人口老龄化 [N]. 人民日报, 2013－01－16 (20).

[3] 穆光宗. 大国人口观之重建 [N]. 学习时报, 2012－05－28 (4).

[4] 樊儒经. 中国老龄化应对策略探究 [N]. 中国社会报, 2017－02－04 (2).

[5] 谭克俭. 智能养老: 缓解未来养老压力的重要途径 [N]. 中国人口报, 2017－02－06 (3).

[6] 唐钧. 社会治理的四个特征 [N]. 北京日报, 2015－03－02 (2).

[7] 江丹. 应对人口老龄化“六策” [N]. 学习时报, 2015－12－31 (5).

[8] 柴逸扉. 居家安老为本　院舍照顾为援——香港创新模式应对老龄化 [N]. 人民日报海外版, 2017－02－18 (4).

[9] 赵福军, 吕紫剑, 董丹丹. 看日本如何应对老龄化 [N]. 经济日报, 2017－08－04 (14).

[10] 日本应对人口老龄化: 压力、举措及启迪 [N]. 中国社会报, 2014－05－19 (4).

[11] 莽九晨, 张金江. 改善劳动力供给减轻养老金压力: 韩国西班牙积极应对老龄化 [N]. 人民日报, 2010－05－19 (22).

[12] 陆继锋. 韩国应对人口老龄化的经验 [N]. 学习时报, 2016－07－07 (2).

[13] 金宰贤. 韩国如何应对低出生率、老龄化? [N]. 21 世纪经济报道, 2016－02－26 (4).

[14] 穆光宗. 美国应对人口老龄化的政策启示 [N]. 中国社会报, 2013－11－11 (4).

[15] 徐伟. 世界各国应对老龄化的措施 [N]. 中国社会报, 2016－08－22 (7).

[16] 徐一萍. 美国: 多措并举应对人口老龄化 [N]. 山西政协报,

2012-09-28 (4).
[17] 付军辉，付国浩. 美国应对人口老龄化的经验与面临挑战 [N]. 中国信息报，2011-11-28 (8).
[18] 张日松. 美国解决老龄化问题的若干经验与启示 [N]. 中国人口报，2000-06-08 (4).
[19] 张英洪，王丽红. 北京市乡村治理和农村社会发展的思考与建议 [N]. 中国经济时报，2017-08-11 (7).
[20] 朱昌俊. 解广场舞困境为老龄社会治理探路 [N]. 新农村商报，2015-09-09 (2).
[21] 张映芹，张瑞芳. 异地养老：一种新兴的养老方式 [N]. 中国人口报，2017-03-13 (3).
[22] 陈言. 日本人工智能养老模式：大数据与机器人 [N]. 中国经济导报，2017-09-16 (B03).
[23] 眉间尺. 老龄化来势汹汹，科技准备好了吗 [N]. 科技日报，2018-03-30 (7).
[24] 王心见. 科技，能否破老龄化之局? [N]. 科技日报，2013-04-02 (2).
[25] 贾云巍，王廷尧，朱金磊. 创新基层社会治理模式——再访保山"6995"网格化服务管理信息平台 [N]. 云南日报，2015-05-13 (1).
[26] 本报评论员. 及时科学综合应对人口老龄化——二论学习贯彻习近平总书记对加强老龄工作的重要指示精神 [N]. 中国老年报，2016-03-09 (1).
[27] 张孔娟，蔡喆丰. 融入新元素应对老龄化——盘点深圳"后老博会"的效应 [N]. 中国经济时报，2016-09-02 (8).
[28] 何孝瑛. 科技创新推动老龄产业发展 [N]. 中国经济时报，2016-08-05 (8).
[29] 赵唤. 如何克服高科技恐惧症 [N]. 浙江老年报，2011-01-12 (11).

[30] 翟振武，陈佳鞠，李龙．“智慧养老”：应对老龄化的一个新趋势［N］．北京日报，2016-12-12（14）．

[31] 赵宝华．科技新发展将为老龄事业开辟广阔道路［N］．中国老年报，2000-12-29（3）．

[32] 张来明．发展智能化养老积极应对老龄化［N］．中国经济时报，2013-12-09（1）．

[33] 王克迪．网络创新的价值取向与公共政策制定［N］．学习时报，2017-09-20（7）．

[34] 穆光宗．论“和谐老龄化”［N］．光明日报，2007-04-03（11）．

[35] 陈尚文．韩国加紧应对老龄化难题［N］．中国社会报，2017-06-12（7）．

[36] 张玉来．老人“底层化”成经济隐患［N］．人民日报，2015-10-12（22）．

[37] 李木元．我国2.3亿老年人口中患慢病老人近1.5亿［N］．人民政协报，2017-06-01（4）．

[38] 杨慧．后老龄化时代，日本走向何方［N］．经济日报，2018-02-02（16）．

[39] 付军辉，付国浩．美国应对人口老龄化的措施与面临挑战［N］．中国信息报，2011-11-28（8）．

[40] 吴济海．台湾老年人口首超幼年人口［N］．人民日报（海外版），2017-03-10（4）．

[41] 蒋帅．挡不住的“银潮”来了　苏州去年增加老年人口近7.5万人［N］．江南时报，2018-01-10（10）．

[42] 朱昌俊．解广场舞困境　为老龄社会治理探路［N］．新农村商报，2015-09-09（2）．

[43] 刘文，焦佩．老龄化，并非想象的那么可怕［N］．大众日报，2015-07-15（9）．

[44] 人口老龄化可能带来五个好处［N］．济南日报，2014-10-18（C04）．

[45] 袁勇. 新型农村养老服务需升级补短板 [N]. 经济日报, 2017-12-23 (7).

[46] 张孟强. 多点发力, 深化社区居家养老服务供给侧改革 [N]. 中国社会报, 2017-11-23 (4).

[47] 李益. "就地老去"解决老龄化难题　美国兴起远程监护老人 [N]. 市场报, 2007-12-12 (14).

[48] 胡鞍钢. 努力建设世界科技强国 [N]. 人民日报 (海外版), 2018-06-01 (1).

[49] 刘欢, 吴济海. 台湾人口老龄化显著　老年居住者宅数十年增六成 [N]. 人民日报 (海外版), 2018-10-16 (4).

四、学位论文类

[1] 邝智孟. 试论科技发展对人口因素的影响 [D]. 南宁: 广西大学, 2006.

[2] 陈世林. 网络时代的老龄问题研究 [D]. 南昌: 江西师范大学, 2004.

[3] 蒋子桓. 积极老龄化理论及政策研究 [D]. 成都: 西南财经大学, 2011.

[4] 王智慧. 中国老龄化问题研究 [D]. 焦作: 河南理工大学, 2014.

[5] 刘畅. 人口老龄化对经济发展的影响研究——以湖北省为例 [D]. 武汉: 武汉大学, 2013.

[6] 杨华. 历史哲学视域下的人口老龄化及其应对——以浙江农村为例 [D]. 杭州: 浙江大学, 2013.

[7] 苏春红. 人口老龄化的经济效应与中国养老保险制度选择 [D]. 济南: 山东大学, 2010.

[8] 易洁. 人口老龄化与中国经济发展 [D]. 成都: 西南财经大学, 2007.

[9] 李佳. 欧盟国家应对人口老龄化的相关对策及启示 [D]. 长春: 吉林大学, 2011.

[10] 高娟. 社区老年教育模式研究 [D]. 西安：陕西师范大学，2011.

[11] 廖小平. 伦理的代际之维——伦理分析的一个新视角 [D]. 长沙：湖南师范大学，2003.

[12] 徐愚. 机器与语言——对人工智能语义问题的探寻 [D]. 北京：中共中央党校，2016.

[13] 田晔. 老龄化时代的社区养老服务模式研究 [D]. 济南：山东大学，2011.

五、报告类（论文集）

[1] 习近平. 决胜全面建成小康社会　夺取新时代中国特色社会主义伟大胜利——在中国共产党第十九次全国代表大会上的报告 [R]. [2017-10-18].

[2] 高明振. 新科技革命与人口老龄化，第八届亚洲大洋洲地区老年学和老年医学大会中文论坛讲演暨优秀论文摘要集 [R]. [2007-10-01].

六、电子文献

[1] 习近平在二十国集团领导人杭州峰会上的开幕辞 [EB/OL]. http://news.xinhuanet.com/world/2016-09/04/c_129268987.htm.

[2] 胡鞍钢. 中国健康发展之路是从“东亚病夫”到“东方巨人” [EB/OL]. http://www.gywb.cn/content/2016-08/22/content_5204500.htm.

[3] 全球老龄化状况及其应对措施 [EB/OL]. http://news.eastday.com/eastday/13news/auto/news/csj/u7ai4686835_K4.html.

[4] 中欧积极探讨应对人口老龄化挑战 [EB/OL]. http://www.chinadevelopment.com.cn/2016/07/1059131.shtml.

[5] 回归20年，香港作为老龄化“重灾区”，看他们如何应对 [EB/OL]. http://www.sohu.com/a/153730585_464403.

[6] 侯维铖. 日本老龄化日趋严重　机器人承担护理重任? [EB/OL]. http://tech.163.com/photoview/0AI20009/16364.html.

[7] Beth Rosellini. 老龄化的困境：神经科技已成为研究热点 [EB/OL].

赵成龙，译. http：//www. xianjichina. com/special/detail_336225. html.
[8] SSIDC 面对面：老龄化社会的科技创新 [EB/OL] . http：//interview. gmw. cn/2015 -01/09/content_14152396. htm.
[9] 2018 年中国战略性新兴产业展望 [EB/OL]. http：//www. stdaily. com/zhuanti01/dfj/2018 -01/19/content_625667. shtml.
[10] 盘点近期公众关注的十项科技前沿成果 [EB/OL]. http：//www. xinhuanet. com/science/2018 -05/04/c_137153728. htm.

七、外文文献

[1] Bloom，D E，Canning D. Fink G. Implications of Population Aging for Economic Growth [J]. Program on the Global Demography of Aging，2011.
[2] David E Wildasin. The Marginal Cost of Public Funds With an Aging Population [J]. Journal of Population Economics，1991 (4)：111 -135.
[3] David Hauner. Aging：Some Pleasant Fiscal Arithmetic [J]. International Atlantic Ecnomin Society，2007 (13)：347 -364.
[4] Fougère M，M. Mérette. Population Ageing and Economic Growth in Seven OECD Countries [J]. Economic Modelling，1999 (16)：411 -427.
[5] GS Hall. Senescence：the last half of life，1922 [J]. American Journal of Public Health，2006 (96)：1160 -1162.
[6] Lee R，Mason A. Fertility，Human Capital，and Economic Growth over the Demographic Transition [J]. European Journal of Population，2010 (26)：159 - 182.
[7] Lehman H C. The Most Creative Years of Engineers and Other Technologists [J]. The Journal of Genetic Psychology，1966 (108)：263 -277.
[8] Callahan D. Setting Limits：Medical Goals in an Aging Society [J]. Bioethics，1988 (2)：151 -169.
[9] Martin Gonzalez - Eiras，Dirk Niepelt. Ageing，government budgets，retirement，and growth [J]. European Economic Review，2012 (56)：

97 – 115.

[10] Michael D Hund. Comment in Studies in the Ecnomics of Aging (Devid A. Wise. Eds.), 1994: 33.

[11] Paul B Baltes, Jacqui Smith, Ursula M Staudinger. Wisdom and Successful Aging [J]. Nebraska Symposium on Motivation, 1992: 134 – 139.

[12] Peterson Peter G. Gray Dawn: How the Coming Age Wave Will Transform America and the World [M]. New York: Random House, 1999: 16.

[13] Willi Leibfritz, Werner Roeger, The Effects of Aging on Labor Markets and Economic Growth [J]. Journal of Population Economics, 2007 (12): 34 – 63.

后　记

习近平在十九大报告中强调指出："积极应对人口老龄化，构建养老、孝老、敬老政策体系和社会环境。"从实践来看，从中央到地方出台了一系列重大战略部署、规划、政策，社会养老服务体系建设也从"三位一体"转向"四位一体"，全国各类养老服务设施、投资、相关产业的数量和发展等方面都呈现出前所未有的良好局面。无疑，这对进入新时代的中国，特别是在老龄化的大背景下如何实现未来"三步走"国家战略？如何积极应对老龄化？如何及时、科学、综合应对人口老龄化？都是值得深思和研究的。

根据国家统计局发布的信息，2017 年末，我国 60 岁及以上人口达24090 万，占总人口的 17.3%，其中 65 岁及以上人口为15831 万，占总人口的 11.4%。近年来，我国老年人口数量正在以年均千万的速度增加，老龄化正在快速发展，正从老龄化社会进入老龄社会，未来将走进高龄社会。

人口老龄化已成为世界性议题，古今中外围绕老龄化问题有很多研究和讨论。问题的关键是，积极应对人口老龄化的前提和基础是首先必须厘清老龄化的本质和成因，进一步说，老龄化到底给人类社会发展带来哪些影响？哪些是积极的？哪些是消极的？老龄化的成因是什么？从哲学、科学、社会、文化层面怎样来解析老龄化？老龄化应对的动力源泉、根本抓手在哪里？这些问题如果不能找到准确答案，那就无法积极应对人口老龄化，很难做到及时、科学、综合应对老龄化，无法做到开创新时代老龄事业发展的新局面。

基于科学与社会的视角研究老龄化问题意义重大。通过本研究有助于树立科学的老龄观，明确老龄化带来的系列问题及其本质，积极构建老龄化应对的策略体系，促进老龄化与经济社会可持续、协调发展，并为政府相关部门进行老龄化问题应对决策提供科学依据，为精准应对老龄化问题提供案例分析和实践指导，而且还有助于准确认识老龄化社会的运行，理解并丰富乃至发展相关理论。最终实现，从机械、被动、难于应对老龄化变成理解并尊重老龄化发展规律、自发自觉、积极主动、易于应对老龄化。以上就是本研究的初衷、重点和想极力达到的。

本书是作者在博士论文基础上加以修改、更新完成的。书稿成稿对我来说，特别想说的是“感谢”一词。

在这里，特别要感谢我的导师王克迪老师为了我学术提升、论文选题、开题、写作、修改、定稿给予的悉心指导和精心的雕琢。导师孜孜不倦的指导和教诲使我对一些学术问题有了深刻的思考方式，导师教给了我一些全新的思想观念和学术提升方法。导师严谨的治学风范，渊博的学识，深邃的思想，雄阔的视野，都给予我强大的感染力和足够多的滋润；也要深深感谢在我学习、开题、写作、生活中给予我指导和帮助的冯鹏志老师、赵建军老师、付立老师、胡明艳老师、刘晓青老师、段培君老师、辛英老师等；还要特别感谢参加我博士论文答辩、预答辩的中国科学院的任定成老师、北京师范大学董春雨老师、中国社会科学院的段伟文老师、张昌盛老师，感谢他们给予的深刻、针对性很强的修改意见；还要感谢读博期间单位领导、同事给予我的宽容、支持！感谢同门师弟、学长在我完成学业期间给予我方方面面的帮助！感谢各位学者、各位前辈，您们已有的相关研究成果使我获得巨大启发或借鉴；也感谢中国人民大学姜向群教授、中国老龄科学研究中心陶立群研究员在我论文写作、本书出版过程中给予的指导和帮助，感谢知识产权出版社蔡虹编辑等老师对本书内容的认真修改和校对。

最后，我还要特别感谢我的妻子和女儿在我读博的这几年，她们为我完成学业给了我足够多的宽容、理解、鼓励和支持，她们承担了足够多的家庭责任，为我完成学业、出版本书提供了足够多的便利；还要感谢我年迈的父母，是他们的鼓励和支持给了我继续前行的力量和信心！

韩振秋

2018 年 9 月 7 日于北京